SOPHISMES
ÉCONOMIQUES

PAR

FRÉDÉRIC BASTIAT.

Première série.

4e ÉDITION.

En économie politique, il y a beaucoup
à apprendre et peu à faire.

(BENTHAM.)

PARIS

GUILLAUMIN ET Cie, LIBRAIRES-ÉDITEURS

al des Économistes, de la Collection des principaux Économistes, etc

14, RUE RICHELIEU.

1851

SOPHISMES ÉCONOMIQUES.

CORBEIL. — Impr. et lith. de CRÉTÉ.

SOPHISMES

ÉCONOMIQUES

PAR

FRÉDÉRIC BASTIAT.

Première série.

4e ÉDITION.

En économie politique, il y a beaucoup
à apprendre et peu à faire.
(BENTHAM.)

PARIS

GUILLAUMIN ET Cie, LIBRAIRES-ÉDITEURS

du Journal des Économistes, de la collection des principaux Économistes, etc.

14, RUE DE RICHELIEU.

1851

SOPHISMES

ÉCONOMIQUES.

J'ai cherché, dans ce petit volume, à réfuter quelques-uns des arguments qu'on oppose à l'affranchissement du commerce.

Ce n'est pas un combat que j'engage avec les protectionnistes. C'est un principe que j'essaye de faire pénétrer dans l'esprit des hommes sincères qui hésitent parce qu'ils doutent.

Je ne suis pas de ceux qui disent : La protection s'appuie sur des intérêts. — Je crois qu'elle repose sur des erreurs, ou, si l'on veut, sur des *vérités incomplètes*. Trop de personnes redoutent la liberté pour que cette appréhension ne soit pas sincère.

C'est placer haut mes prétentions, mais je voudrais, je l'avoue, que cet opuscule devînt comme le *manuel* des hommes qui sont appelés à prononcer entre les deux principes. Quand on ne s'est pas familiarisé de longue main avec la doctrine de la liberté, les sophismes de la protection reviennent sans cesse à l'esprit sous une forme ou sous une autre. Pour l'en dégager, il faut à chaque fois un long travail d'analyse, et ce travail, tout le monde n'a pas le temps de le faire ; les législateurs moins que personne. C'est pourquoi j'ai essayé de le donner tout fait.

Mais, dira-t-on, les bienfaits de la liberté sont-ils donc si cachés qu'ils ne se montrent qu'aux économistes de profession?

Oui, nous en convenons ; nos adversaires dans la discussion ont sur nous un avantage signalé. Ils peuvent en quelques mots exposer une vérité incomplète ; et, pour montrer qu'elle est *incomplète*, il nous faut de longues et arides dissertations.

Cela tient à la nature des choses. La protection réunit sur un point donné le bien qu'elle fait, et infuse dans la masse le mal qu'elle inflige. L'un est sensible à l'œil extérieur, l'autre ne se laisse apercevoir que par l'œil de l'esprit. — C'est précisément le contraire pour la liberté.

Il en est ainsi de presque toutes les questions économiques.

Dites : Voici une machine qui a mis sur le pavé trente ouvriers ;

Ou bien : Voici un prodigue qui encourage toutes les industries ;

Ou encore : La conquête d'Alger a doublé le commerce de Marseille ;

Ou enfin : Le budget assure l'existence de cent mille familles ;

Vous serez compris de tous ; vos propositions sont claires, simples et vraies en elles-mêmes. Déduisez-en ces principes :

Les machines sont un mal ;

Le luxe, les conquêtes, les lourds impôts sont un bien ;

Et votre théorie aura d'autant plus de succès que vous pourrez l'appuyer de faits irrécusables.

Mais nous, nous ne pouvons nous en tenir à une cause et à son effet prochain. Nous savons que cet effet même devient cause à son tour. Pour juger une mesure, il faut donc que nous la suivions à travers l'enchaînement des résultats, jusqu'à l'effet définitif. Et, puisqu'il faut lâcher le grand mot, nous sommes réduits à *raisonner*.

Mais aussitôt nous voilà assaillis par cette clameur : Vous êtes des théoriciens, des métaphysiciens, des idéologues, des utopistes, des hommes à principes, — et toutes les préventions du public se tournent contre nous.

Que faire donc ? invoquer la patience et la bonne foi du lecteur, et jeter dans nos déductions, si nous en sommes capables, une clarté si vive que le vrai et le faux s'y montrent à nu, afin que la victoire, une fois pour toutes, demeure à la restriction ou à la liberté.

J'ai à faire ici une observation essentielle.

Quelques extraits de ce petit volume ont paru dans le *Journal des Économistes*.

Dans une critique, d'ailleurs très-bienveillante, que M. le vicomte de Romanet a publiée (Voir le *Moniteur industriel* des 15 et 18 mai 1845), il suppose que je demande la *suppression des douanes*. M. de Romanet se trompe. Je demande la suppression du régime protecteur. Nous ne refusons pas des taxes au gouvernement ; mais nous voudrions, si cela est possible, dissuader les gouvernés de se taxer les uns les autres. Napoléon a dit : La douane ne doit pas être un instrument fiscal, mais un moyen de protéger l'industrie. — Nous plaidons le contraire, et nous disons : La douane ne doit pas être aux mains des travailleurs un instrument de rapine réciproque, mais elle peut être une machine fiscale aussi bonne qu'une autre. Nous sommes si loin, ou, pour n'engager que moi dans la lutte, je suis si loin de demander la suppression des douanes, que j'y vois pour l'avenir l'ancre de salut de nos finances. Je les crois susceptibles de procurer au Trésor des recettes immenses, et, s'il faut dire toute ma pensée, à la lenteur que mettent à se répandre les saines doctrines économiques, à la rapidité avec laquelle notre budget s'accroît, je compte plus, pour la réforme commerciale, sur les nécessités du Trésor que sur la force d'une opinion éclairée.

Mais enfin, me dira-t-on, à quoi concluez-vous ?

Je n'ai pas besoin de conclure. Je combats des sophismes, voilà tout.

Mais, poursuit-on, il ne suffit pas de détruire, il faut édifier. — Je pense que détruire une erreur, c'est édifier la vérité contraire.

Après cela, je n'ai pas de répugnance à dire quel est mon vœu. Je voudrais que l'opinion fût amenée à sanctionner une loi de douanes conçue à peu près en ces termes :

Les objets de première nécessité payeront un droit *ad valorem* de. . . . . . 5 $^0/_0$

Les objets de convenance. . . 10 $^0/_0$

Les objets de luxe. . . . . 15 ou 20 $^0/_0$

Encore, ces distinctions sont prises dans un ordre d'idées entièrement étrangères à l'économie politique proprement dite., et je suis loin de les croire aussi utiles et aussi justes qu'on le suppose communément. Mais ceci n'est plus de mon sujet [1].

---

[1] De grands événements se sont accomplis dans notre pays en un petit nombre d'années; mais notre régime douanier est resté le même, et les *Sophismes économiques* ont autant de droit que jamais à être lus. Nous croyons cependant utile, parce que ce volume renferme des allusions à certains faits et à certaines personnes, de rappeler qu'il fut écrit en 1845. (*Note de l'éditeur.*)

I. — Abondance, disette.

Qu'est-ce qui vaut mieux pour l'homme et pour la société, l'abondance ou la disette ?

Quoi ! s'écriera-t-on, cela peut-il faire une question ? A-t-on jamais avancé, est-il possible de soutenir que la disette est le fondement du bien-être des hommes ?

Oui, cela a été avancé ; oui, cela a été soutenu ; on le soutient tous les jours, et je ne crains pas de dire que la *théorie de la disette* est de beaucoup la plus populaire. Elle défraye les conversations, les journaux, les livres, la tribune, et, quoique cela puisse paraître extraordinaire, il est certain que l'économie politique aura rempli sa tâche et sa mission pratique quand elle aura vulgarisé et rendu irréfutable cette proposition si simple : « La richesse des hommes, c'est l'abondance des choses. »

N'entend-on pas dire tous les jours : « L'étranger va nous inonder de ses produits? » Donc on redoute l'abondance.

M. de Saint-Cricq n'a-t-il pas dit : « La production surabonde? » Donc il craignait l'abondance.

Les ouvriers ne brisent-ils pas les machines? Donc ils s'effrayent de l'excès de la production ou de l'abondance.

M. Bugeaud n'a-t-il pas prononcé ces paroles : « Que le pain soit cher, et l'agriculteur sera riche! » Or, le pain ne peut être cher que parce qu'il est rare; donc M. Bugeaud préconisait la disette.

M. d'Argout ne s'est-il pas fait un argument contre l'industrie sucrière de sa fécondité même? Ne disait-il pas : « La betterave n'a pas d'avenir, et sa culture ne saurait s'étendre, parce qu'il suffirait d'y consacrer quelques hectares par département pour pourvoir à toute la consommation de la France? » Donc, à ses yeux, le bien est dans la stérilité, dans la disette; le mal dans la fertilité, dans l'abondance.

La Presse, *le Commerce* et la plupart des journaux quotidiens ne publient-ils pas un ou plusieurs articles chaque matin pour démontrer aux chambres et au gouvernement qu'il est d'une saine politique d'élever législativement le prix de toutes choses par l'opération des tarifs? Les trois pouvoirs n'obtempèrent-ils pas tous les jours à cette injonction de la presse périodique? Or, les tarifs n'élèvent les prix des choses que parce qu'ils en diminuent la quantité *offerte* sur le marché! Donc les journaux, les chambres, le ministère, mettent en pratique la théorie de la disette, et j'avais raison de dire que cette théorie est de beaucoup la plus populaire.

Comment est-il arrivé qu'aux yeux des travailleurs, des publicistes, des hommes d'État, l'abondance se soit montrée redoutable et la disette avantageuse? Je me propose de remonter à la source de cette illusion.

On remarque qu'un homme s'enrichit en proportion de ce qu'il tire un meilleur parti de son travail, c'est-à-dire de ce qu'*il vend à plus haut prix*. Il vend à plus haut prix à proportion de la rareté, de la disette du genre de produit qui fait l'objet de son industrie. On en conclut que, quant à lui du moins, la disette l'enrichit. Appliquant successivement ce raisonnement à tous les travailleurs, on en déduit la *théorie de la disette*. De là on passe à l'application, et, afin de favoriser tous les travailleurs, on provoque artificiellement la cherté, la disette de toutes choses par la prohibition, la restriction, la suppression des machines et autres moyens analogues.

Il en est de même de l'abondance. On observe que, quand un produit abonde, il se vend à bas prix : donc le producteur gagne moins. Si tous les producteurs sont dans ce cas, ils sont tous misérables : donc c'est l'abondance qui ruine la société. Et comme toute conviction cherche à se traduire en fait, on voit, dans beaucoup de pays, les lois des hommes lutter contre l'abondance des choses.

Ce sophisme, revêtu d'une forme générale, ferait peut-être peu d'impression; mais appliqué à un ordre particulier de faits, à telle ou telle industrie, à une classe donnée de travailleurs, il est extrèmement spécieux, et cela s'explique. C'est un syllogisme qui n'est pas *faux*, mais *incomplet*. Or, ce qu'il y a de *vrai* dans un syllogisme est toujours et nécessairement présent à l'esprit. Mais l'*incomplet* est une qualité négative, une donnée absente dont il est fort possible et même fort aisé de ne pas tenir compte.

L'homme produit pour consommer. Il est à la fois producteur et consommateur. Le raisonnement que je viens d'établir ne le considère que sous le premier de ces points de vue. Sous le second, il aurait conduit à une conclusion opposée. Ne pourrait-on pas dire, en effet:

Le consommateur est d'autant plus riche qu'il *achète* toutes choses à meilleur marché; il achète les choses à meilleur marché, en proportion de ce qu'elles abondent, donc l'abondance l'enrichit; et ce raisonnement, étendu à tous les consommateurs, conduirait à *la théorie de l'abondance!*

C'est la notion imparfaitement comprise de *l'échange* qui produit ces illusions. Si nous consultons notre intérêt personnel, nous reconnaissons distinctement qu'il est double. Comme *vendeurs,* nous avons intérêt à la cherté, et par conséquent à la rareté ; comme acheteurs, au bon marché, ou, ce qui revient au même, à l'abondance des choses. Nous ne pouvons donc point baser un raisonnement sur l'un ou l'autre de ces intérêts avant d'avoir reconnu lequel des deux coïncide et s'identifie avec l'intérêt général et permanent de l'espèce humaine.

Si l'homme était un animal solitaire, s'il travaillait exclusivement pour lui, s'il consommait directement le fruit de son labeur, en un mot, *s'il n'échangeait pas*, jamais la théorie de la disette n'eût pu s'introduire dans le monde. Il serait trop évident que l'abondance lui serait avantageuse, de quelque part qu'elle lui vînt, soit qu'elle fût le résultat de son industrie, d'ingénieux outils, de puissantes machines qu'il aurait inventées, soit qu'il la dût à la fertilité du sol, à la libéralité de la nature, ou même à une mystérieuse *invasion* de produits que le flot aurait apportés du dehors et abandonnés sur le rivage. Jamais l'homme solitaire n'imaginerait, pour donner de l'encouragement, pour assurer un aliment à son propre travail, de briser les instruments qui l'épargnent, de neutraliser la fertilité du sol, de rendre à la mer les biens qu'elle lui aurait apportés. Il comprendrait aisément que le travail n'est pas un but, mais un moyen ; qu'il serait absurde de repousser le but, de peur de nuire au moyen. Il comprendrait que, s'il consacre deux heures de la journée à pourvoir à ses besoins, toute circonstance (machine, fertilité, don gratuit, n'importe) qui lui épargne une heure de ce travail, le résultat restant le même, met cette heure à sa disposition, et qu'il peut la consacrer à augmenter son bien-être; il comprendrait, en un mot, qu'*épargne de travail* ce n'est autre chose que *progrès*.

Mais l'*échange* trouble notre vue sur une vérité si simple. Dans l'état social, et avec la séparation des occupations qu'il amène, la production et la consommation d'un objet ne se confondent pas dans le même individu. Chacun est porté à voir dans son travail non plus un moyen, mais un but. L'échange crée, relativement à chaque objet, deux intérêts, celui du producteur et celui du consommateur, et ces deux intérêts sont toujours immédiatement opposés.

Il est essentiel de les analyser et d'en étudier la nature.

Prenons un producteur quel qu'il soit; quel est son intérêt immédiat? Il consiste en ces deux choses, 1° que le plus petit nombre possible de personnes se livrent au même travail que lui; 2° que le plus grand nombre possible de personnes recherchent le produit de ce même travail; ce que l'économie politique explique plus succinctement en ces termes : que l'offre soit très-restreinte et la demande très-étendue; en d'autres termes encore : concurrence limitée, débouchés illimités.

Quel est l'intérêt immédiat du consommateur ? Que l'offre du produit dont il s'agit soit étendue et la demande restreinte.

Puisque ces deux intérêts se contredisent, l'un d'eux doit nécessairement coïncider avec l'intérêt social ou général, et l'autre lui est antipathique.

Mais quel est celui que la législation doit favoriser, comme étant l'expression du bien public, si tant est qu'elle en doive favoriser aucun ?

Pour le savoir, il suffit de rechercher ce qui arriverait si les désirs secrets des hommes étaient accomplis.

En tant que producteurs, il faut bien en convenir, chacun de nous fait des vœux antisociaux. Sommes-nous vignerons ? nous serions peu fâchés qu'il gelât sur toutes les vignes du monde, excepté sur la nôtre : *c'est la théorie de la disette.* Sommes-nous propriétaires de forges ? nous désirons qu'il n'y ait sur le marché d'autre fer que celui que nous y apportons, quel que soit le besoin que le public en ait, et précisément pour que ce besoin, vivement senti et imparfaitement satisfait, détermine à nous en donner un haut prix : *c'est encore la théorie de la disette.* Sommes-nous laboureurs ? nous disons, avec M. Bugeaud : Que le pain soit cher, c'est-à-dire rare, et les agriculteurs feront bien leurs affaires : *c'est toujours la théorie de la disette.*

Sommes-nous médecins ? nous ne pouvons nous

empêcher de voir que certaines améliorations physiques, comme l'assainissement du pays, le développement de certaines vertus morales, telles que la modération et la tempérance, le progrès des lumières poussé au point que chacun sût soigner sa propre santé, la découverte de certains remèdes simples et d'une application facile, seraient autant de coups funestes portés à notre profession. En tant que médecins, nos vœux secrets sont antisociaux. Je ne veux pas dire que les médecins forment de tels vœux. J'aime à croire qu'ils accueilleraient avec joie une panacée universelle; mais, dans ce sentiment, ce n'est pas le médecin, c'est l'homme, c'est le chrétien qui se manifeste; il se place, par une noble abnégation de lui-même, au point de vue du consommateur. En tant qu'exerçant une profession, en tant que puisant dans cette profession son bienêtre, sa considération et jusqu'aux moyens d'existence de sa famille, il ne se peut pas que ses désirs, ou, si l'on veut, ses intérêts, ne soient antisociaux.

Fabriquons-nous des étoffes de coton? nous désirons les vendre au prix le plus avantageux *pour nous*. Nous consentirions volontiers à ce que toutes les manufactures rivales fussent interdites, et si nous n'osons exprimer publiquement ce vœu ou en poursuivre la réalisation complète avec quelques chances de succès, nous y parvenons pourtant, dans une certaine mesure, par des moyens détournés : par exemple, en excluant les tissus étrangers, afin de diminuer la *quantité offerte*, et de produire ainsi, par l'emploi de la force et à notre profit, la *rareté* des vêtements.

Nous passerions ainsi toutes les industries en revue, et nous trouverions toujours que les producteurs, en tant que tels, ont des vues antisociales. « Le marchand, dit Montaigne, ne fait bien « ses affaires qu'à la débauche de la jeunesse ; le « laboureur à la cherté des blés ; l'architecte à la « ruine des maisons ; les officiers de justice aux « procez et aux querelles des hommes. L'honneur « même et practique des ministres de la religion « se tire de nostre mort et de nos vices. Nul mé- « decin ne prend plaisir à la santé de ses amis « mêmes, ni soldats à la paix de la ville ; ainsi du « reste. »

Il suit de là que, si les vœux secrets de chaque producteur étaient réalisés, le monde rétrograderait rapidement vers la barbarie. La voile proscrirait la vapeur, la rame proscrirait la voile, et devrait bientôt céder les transports au chariot, celui-ci au mulet, et le mulet au porte-balle. La laine exclurait le coton, le coton exclurait la laine, et ainsi de suite, jusqu'à ce que la disette de toutes choses eût fait disparaître l'homme même de dessus la surface du globe.

Supposez pour un moment que la puissance législative et la force publique fussent mises à la disposition du comité Mimerel, et que chacun des membres qui composent cette association eût la faculté de lui faire admettre et sanctionner une petite loi : est-il bien malaisé de deviner à quel code industriel serait soumis le public ?

Si nous venons maintenant à considérer l'intérêt immédiat du consommateur, nous trouverons qu'il est en parfaite harmonie avec l'intérêt général, avec ce que réclame le bien-être de l'humanité. Quand l'acheteur se présente sur le marché, il désire le trouver abondamment pourvu. Que les saisons soient propices à toutes les récoltes ; que des inventions de plus en plus merveilleuses mettent à sa portée un plus grand nombre de produits et de satisfactions ; que le temps et le travail soient épargnés ; que les distances s'effacent ; que l'esprit de paix et de justice permettent de diminuer le poids des taxes ; que les barrières de toutes natures tombent ; en tout cela, l'intérêt immédiat du consommateur suit parallèlement la même ligne que l'intérêt public bien entendu. Il peut pousser ses vœux secrets jusqu'à la chimère, jusqu'à l'absurde, sans que ses vœux cessent d'être humanitaires. Il peut désirer que le vivre et le couvert, le toit et le foyer, l'instruction et la moralité, la sécurité et la paix, la force et la santé, s'obtiennent sans efforts, sans travail et sans mesure, comme la poussière des chemins, l'eau du torrent, l'air qui nous environne, la lumière qui nous baigne, sans que la réalisation de tels désirs fût en contradiction avec le bien de la société.

On dira peut-être que si ces vœux étaient exaucés l'œuvre du producteur se restreindrait de plus en plus, et finirait par s'arrêter faute d'aliment. Mais pourquoi ? Parce que, dans cette supposition extrême, tous les besoins et tous les désirs imaginables seraient complétement satisfaits. L'homme, comme la toute-puissance, créerait toutes choses par un seul acte de sa volonté. Veut-on bien me dire, dans cette hypothèse, en quoi la production industrielle serait regrettable ?

Je supposais tout à l'heure une assemblée législative composée de travailleurs, dont chaque membre formulerait en loi son *vœu secret*, en tant que producteur ; et je disais que le code émané de cette assemblée serait le monopole systématisé, la théorie de la disette mise en pratique.

De même, une chambre où chacun consulterait exclusivement son intérêt immédiat de consommateur aboutirait à systématiser la liberté, la suppression de toutes les mesures restrictives, le renversement de toutes les barrières artificielles, en un mot, à réaliser la théorie de l'abondance.

Il suit de là :

Que consulter exclusivement l'intérêt immédiat de la production, c'est consulter un intérêt antisocial ;

Que prendre exclusivement pour base l'intérêt

immédiat de la consommation, ce serait prendre
pour base l'intérêt général.

Qu'il me soit permis d'insister encore sur ce
point de vue, au risque de me répéter.

Un antagonisme radical existe entre le vendeur
et l'acheteur [1].

Celui-là désire que l'objet du marché soit *rare*,
peu offert, à un prix élevé.

Celui-ci le souhaite *abondant*, très-offert, à bas
prix.

Les lois, qui devraient être au moins neutres,
prennent parti pour le vendeur contre l'acheteur,
pour le producteur contre le consommateur, pour
la cherté contre le bon marché [2], pour la disette
contre l'abondance.

Elles agissent, sinon intentionnellement, du
moins logiquement sur cette donnée : *Une nation
est riche quand elle manque de tout.*

Car elles disent : C'est le producteur qu'il faut
favoriser en lui assurant un bon placement de son
produit. Pour cela, il faut en élever le prix ; pour

---

[1] L'auteur a rectifié les termes de cette proposition dans un
ouvrage postérieur. Voir *Harmonies économiques*, 2e édition,
page 340.   (*Note de l'éditeur.*)

[2] Nous n'avons pas en français un substantif pour exprimer
l'idée opposée à celle de *cherté* (cheapness). Il est assez remar-
quable que l'instinct populaire exprime cette idée par cette péri-
phrase : marché avantageux, *bon marché*. Les prohibitionistes
devraient bien réformer cette locution. Elle implique tout un
système économique opposé au leur.

en élever le prix, il faut en restreindre l'offre ; et restreindre l'offre c'est créer la disette.

Et voyez : je suppose que dans le moment actuel, où ces lois ont toute leur force, on fasse un inventaire complet, non en valeur, mais en poids, mesures, volumes, quantités, de tous les objets existants en France, propres à satisfaire les besoins et les goûts de ses habitants, blés, viandes, draps, toiles, combustibles, denrées coloniales, etc.

Je suppose encore que l'on renverse le lendemain toutes les barrières qui s'opposent à l'introduction en France des produits étrangers.

Enfin, pour apprécier le résultat de cette réforme, je suppose que l'on procède trois mois après à un nouvel inventaire.

N'est-il pas vrai qu'il se trouvera en France plus de blés, de bestiaux, de draps, de toiles, de fer, de houilles, de sucres, etc., lors du second qu'à l'époque du premier inventaire ?

Cela est si vrai que nos tarifs protecteurs n'ont pas d'autre but que d'empêcher toutes ces choses de parvenir jusquà nous, d'en restreindre l'offre, d'en prévenir la dépréciation. l'abondance. .

Maintenant, je le demande, le peuple est-il mieux nourri, sous l'empire de nos lois, parce qu'il y a *moins* de pain, de viande et de sucre dans le pays ? Est-il mieux vêtu parce qu'il y a *moins* de fil, de toiles et de draps ? Est-il mieux chauffé parce qu'il y a *moins* de houille ? Est-il mieux aidé dans ses travaux parce qu'il y a *moins* de fer, de cuivre, d'outils, de machines ?

Mais, dit-on, si l'étranger nous *inonde* de ses produits, il emportera notre numéraire.

Et qu'importe ? L'homme ne se nourrit pas de numéraire, il ne se vêt pas d'or, il ne se chauffe pas avec de l'argent. Qu'importe qu'il y ait plus ou moins de numéraire dans le pays, s'il y a plus de pain aux buffets, plus de viande aux crochets, plus de linge dans les armoires , et plus de bois dans les bûchers ?

Je poserai toujours aux lois restrictives ce dilemme :

Ou vous convenez que vous produisez la disette, ou vous n'en convenez pas.

Si vous en convenez, vous avouez par cela même que vous faites au peuple tout le mal que vous pouvez lui faire. Si vous n'en convenez pas, alors vous niez avoir restreint l'offre, élevé les prix, et, par conséquent vous niez avoir favorisé le producteur.

Vous êtes funestes ou inefficaces. Vous ne pouvez être utiles [1].

---

[1] L'auteur a traité ce sujet avec plus d'étendue dans le XIe chapitre des *Harmonies économiques*, 2e édition.

(*Note de l'éditeur.*)

II. — Obstacle, cause.

L'obstacle pris pour la cause, — la disette prise pour l'abondance, — c'est le même sophisme sous un autre aspect. Il est bon de l'étudier sous toutes ses faces.

L'homme est primitivement dépourvu de tout.

Entre son dénûment et la satisfaction de ses besoins, il existe une multitude d'*obstacles* que le travail a pour but de surmonter. Il est curieux de rechercher comment et pourquoi ces obstacles mêmes à son bien-être sont devenus, à ses yeux, la cause de son bien-être.

J'ai besoin de me transporter à cent lieues. Mais entre les points de départ et d'arrivée s'interposent des montagnes, des rivières, des marais, des forêts impénétrables, des malfaiteurs, en un mot, des *obstacles*; et, pour vaincre ces obstacles, il faudra que j'emploie beaucoup d'efforts, ou, ce qui revient au même, que d'autres emploient beaucoup d'efforts, et m'en fassent payer le prix. Il est clair qu'à cet égard j'eusse été dans une condition meilleure si ces obstacles n'eussent pas existé.

Pour traverser la vie et parcourir cette longue série de jours qui sépare le berceau de la tombe, l'homme a besoin de s'assimiler une quantité prodigieuse d'aliments, de se garantir contre l'intempérie des saisons, de se préserver ou de se guérir d'une foule de maux. La faim, la soif, la maladie, le chaud, le froid, sont autant d'obstacles semés sur sa route. Dans l'état d'isolement, il devrait les combattre tous par la chasse, la pêche, la culture, le filage, le tissage, l'architecture, et il est clair qu'il vaudrait mieux pour lui que ces obstacles n'existassent qu'à un moindre degré ou même n'existassent pas du tout. En société, il ne s'attaque pas personnellement à chacun de ces obstacles, mais d'autres le font pour lui; et, en retour, il éloigne un des obstacles dont ses semblables sont entourés.

Il est clair encore qu'en considérant les choses en masse, il vaudrait mieux, pour l'ensemble des hommes ou pour la société, que les obstacles fussent aussi faibles et aussi peu nombreux que possible.

Mais si l'on scrute les phénomènes sociaux dans leurs détails, et les sentiments des hommes selon que l'échange les a modifiés, on aperçoit bientôt comment ils sont arrivés à confondre les besoins avec la richesse et l'obstacle avec la cause.

La séparation des occupations, résultat de la faculté d'échanger, fait que chaque homme, au lieu de lutter pour son propre compte avec tous les obstacles qui l'environnent, n'en combat qu'*un*; le combat non pour lui, mais au profit de ses semblables, qui, à leur tour, lui rendent le même service.

Or, il résulte de là que cet homme voit la cause immédiate de sa richesse dans cet obstacle qu'il fait profession de combattre pour le compte d'autrui. Plus cet obstacle est grand, sérieux, vivement senti, et plus, pour l'avoir vaincu, ses semblables sont disposés à le rémunérer, c'est-à-dire à lever en sa faveur les obstacles qui le gênent.

Un médecin, par exemple, ne s'occupe pas de faire cuire son pain, de fabriquer ses instruments, de tisser ou de confectionner ses habits. D'autres le font pour lui, et, en retour, il combat les maladies qui affligent ses clients. Plus ces maladies sont nombreuses, intenses, réitérées, plus on consent, plus on est forcé même à travailler pour son utilité personnelle. A son point de vue, la maladie, c'est-à-dire un obstacle général au bien-être des hommes, est une cause de bien-être individuel. Tous les producteurs font, en ce qui les concerne, le même raisonnement. L'armateur tire ses profits de l'obstacle qu'on nomme *distance*; l'agriculteur, de celui qu'on nomme *faim*; le fabricant d'étoffes, de celui qu'on appelle *froid*; l'instituteur vit sur l'*ignorance*, le lapidaire sur la *vanité*, l'avoué sur la *cupidité*, le notaire sur la *mauvaise foi* possible, comme le médecin sur les *maladies* des hommes. Il est donc très-vrai que chaque profession a un intérêt immédiat à la continuation, à l'extension même de l'obstacle spécial qui fait l'objet de ses efforts.

Ce que voyant, les théoriciens arrivent qui fondent un système sur ces sentiments individuels, et disent : Le besoin, c'est la richesse ; le travail, c'est la richesse ; l'obstacle au bien-être, c'est le bien-être. Multiplier les obstacles, c'est donner de l'aliment à l'industrie.

Puis surviennent les hommes d'État. Ils disposent de la force publique : et quoi de plus naturel que de la faire servir à développer, à propager les obstacles, puisqu'aussi bien c'est développer et propager la richesse ? Ils disent, par exemple : Si nous empêchons le fer de venir des lieux où il abonde, nous créerons chez nous un obstacle pour s'en procurer. Cet obstacle, vivement senti, déterminera à payer pour en être affranchi. Un certain nombre de nos concitoyens s'attachera à le combattre, et cet obstacle fera leur fortune. Plus même il sera grand, plus le minerai sera rare, inaccessible, difficile à transporter, éloigné des foyers de consommation, plus cette industrie, dans toutes ses ramifications, occupera de bras. Excluons donc le fer étranger ; créons l'obstacle, afin de créer le travail qui le combat.

Le même raisonnement conduira à proscrire les machines.

Voilà, dira-t-on, des hommes qui ont besoin de loger leur vin. C'est un obstacle ; et voici d'autres hommes qui s'occupent de le lever en fabriquant des tonneaux. Il est donc heureux que l'obstacle existe, puisqu'il alimente une portion du travail national et enrichit un certain nombre de nos concitoyens. Mais voici venir une machine ingénieuse qui abat le chêne, l'équarrit, le partage en une multitude de douves, les assemble et les transforme en vaisseaux vinaires. L'obstacle est bien amoindri, et avec lui la fortune des tonneliers. Maintenons l'un et l'autre par une loi. Proscrivons la machine.

Pour pénétrer au fond de ce sophisme, il suffit de se dire que le travail humain n'est pas un *but*, mais un *moyen*. *Il ne reste jamais sans emploi.* Si un obstacle lui manque, il s'attaque à un autre, et l'humanité est délivrée de deux obstacles par la même somme de travail qui n'en détruisait qu'un seul. — Si le travail des tonneliers devenait jamais inutile, il prendrait une autre direction. — Mais avec quoi, demande-t-on, serait-il rémunéré ? précisément avec ce qui le rémunère aujourd'hui ; car, quand une masse de travail devient disponible par la suppression d'un obstacle, une masse correspondante de rémunération devient disponible aussi. — Pour dire que le travail humain finira par manquer d'emploi, il faudrait prouver que l'humanité cessera de rencontrer des obstacles. — Alors le travail ne serait pas seulement impossible, il serait superflu. Nous n'aurions plus rien à faire, parce que nous serions tout-puissants, et qu'il nous suffirait de prononcer un *fiat* pour que tous nos besoins et tous nos désirs fussent satisfaits.

III. — Effort, résultat.

Nous venons de voir qu'entre nos besoins et leur satisfaction s'interposent des obstacles. Nous parvenons à les vaincre ou à les affaiblir par l'emploi de nos facultés. On peut dire d'une manière très-générale que l'industrie est un effort suivi d'un résultat.

Mais sur quoi se mesure notre bien-être, notre richesse ? Est-ce sur le résultat de l'effort ? est-ce sur l'effort lui-même ? — Il existe toujours un rapport entre l'effort employé et le résultat obtenu. — Le progrès consiste-t-il dans l'accroissement relatif du second ou du premier terme de ce rapport ?

Les deux thèses ont été soutenues ; elles se partagent, en économie politique, le domaine de l'opinion.

Selon le premier système, la richesse est le résultat du travail. Elle s'accroît à mesure que s'accroît *le rapport du résultat à l'effort*. La perfection absolue, dont le type est en Dieu, consiste dans l'éloignement infini des deux termes, en ce sens, effort nul, résultat infini.

Le second professe que c'est l'effort lui-même qui constitue et mesure la richesse. Progresser c'est accroître *le rapport de l'effort au résultat*. Son idéal peut être représenté par l'effort à la fois éternel et stérile de Sisyphe [1].

Naturellement, le premier accueille tout ce qui tend à diminuer la peine et à augmenter le produit : les puissantes machines qui ajoutent aux forces de l'homme, l'échange qui permet de tirer un meilleur parti des agents naturels distribués à diverses mesures sur la surface du globe, l'intelligence qui trouve, l'expérience qui constate, la concurrence qui stimule, etc.

Logiquement aussi le second appelle de ses vœux tout ce qui a pour effet d'augmenter la peine et de diminuer le produit : priviléges, monopoles, restrictions, prohibitions, suppressions de machines, stérilité, etc.

Il est bon de remarquer que la *pratique universelle* des hommes est toujours dirigée par le principe de la première doctrine. On n'a jamais vu, on ne verra jamais un travailleur, qu'il soit agriculteur, manufacturier, négociant, artisan, militaire, écrivain ou savant, qui ne consacre toutes les forces de son intelligence à faire mieux, à faire

---

1 Par ce motif, nous prions le lecteur de nous excuser si, pour abréger, nous désignons dans la suite ce système sous le nom de *Sisyphisme*.

plus vite, à faire plus économiquement, en un mot, *à faire plus avec moins.*

La doctrine opposée est à l'usage des théoriciens, des députés, des journalistes, des hommes d'État, des ministres, des hommes enfin dont le rôle en ce monde est de faire des expériences sur le corps social.

Encore faut-il observer qu'en ce qui les concerne personnellement, ils agissent, comme tout le monde, sur le principe : obtenir du travail la plus grande somme possible d'effets utiles.

On croira peut-être que j'exagère, et qu'il n'y a pas de vrais *Sisyphistes.*

Si l'on veut dire que, dans la pratique, on ne pousse pas le principe jusqu'à ses plus extrêmes conséquences, j'en conviendrai volontiers. Il en est même toujours ainsi quand on part d'un principe faux. Il mène bientôt à des résultats si absurdes et si malfaisants qu'on est bien forcé de s'arrêter. Voilà pourquoi l'industrie pratique n'admet jamais le *Sisyphisme :* le châtiment suivrait de trop près l'erreur pour ne pas la dévoiler. Mais, en matière d'industrie spéculative, telle qu'en font les théoriciens et les hommes d'État, on peut suivre longtemps un faux principe avant d'être averti de sa fausseté par des conséquences compliquées auxquelles d'ailleurs on est étranger ; et quand enfin elles se révèlent, on agit selon le principe opposé, on se contredit, et l'on cherche sa justification dans cet axiome moderne d'une incomparable absurdité : en économie politique, il n'y a pas de principe absolu.

Voyons donc si les deux principes opposés que je viens d'établir ne règnent pas tour à tour, l'un dans l'industrie pratique, l'autre dans la législation industrielle.

J'ai déjà rappelé un mot de M. Bugeaud; mais dans M. Bugeaud il y a deux hommes, l'agriculteur et le législateur.

Comme agriculteur, M. Bugeaud tend de tous ses efforts à cette double fin : épargner du travail, obtenir du pain à bon marché. Lorsqu'il préfère une bonne charrue à une mauvaise ; lorsqu'il perfectionne les engrais ; lorsque, pour ameublir son sol, il substitue, autant qu'il le peut, l'action de l'atmosphère à celle de la herse ou de la houe, lorsqu'il appelle à son aide tous les procédés dont la science et l'expérience lui ont révélé l'énergie et la perfection, il n'a et ne peut avoir qu'un but: *diminuer le rapport de l'effort au résultat.* Nous n'avons même point d'autre moyen de reconnaître l'habileté du cultivateur et la perfection du procédé que de mesurer ce qu'ils ont retranché à l'un et ajouté à l'autre ; et comme tous les fermiers du monde agissent sur ce principe, on peut dire que l'humanité entière aspire, sans doute pour son avantage, à obtenir soit le pain, soit tout autre produit, à meilleur marché, — à restreindre la peine nécessaire pour en avoir à sa disposition une quantité donnée.

Cette incontestable tendance de l'humanité une fois constatée devrait suffire, ce semble, pour révéler au législateur le vrai principe, et lui indiquer dans quel sens il doit seconder l'industrie (si tant est qu'il entre dans sa mission de la seconder), car il serait absurde de dire que les lois des hommes doivent opérer en sens inverse des lois de la Providence.

Cependant on a entendu **M.** Bugeaud, député, s'écrier : « Je ne comprends rien à la théorie du bon marché ; j'aimerais mieux voir le pain plus cher et le travail plus abondant. » Et en conséquence, le député de la Dordogne vote des mesures législatives qui ont pour effet d'entraver les échanges, précisément parce qu'ils nous procurent indirectement ce que la production directe ne peut nous fournir que d'une manière plus dispendieuse.

Or, il est bien évident que le principe de **M.** Bugeaud député est diamétralement opposé à celui de **M.** Bugeaud agriculteur. Conséquent avec lui-même, il voterait contre toute restriction à la chambre, ou bien il transporterait sur sa ferme le principe qu'il proclame à la tribune. On le verrait alors semer son blé sur le champ le plus stérile, car il réussirait ainsi à *travailler beaucoup* pour *obtenir peu.* On le verrait proscrire la charrue, puisque la culture à ongles satisferait son double vœu : le pain plus cher et le travail plus abondant.

La restriction a pour but avoué et pour effet reconnu d'augmenter le travail.

Elle a encore pour but avoué et pour effet reconnu de provoquer la cherté, qui n'est autre chose que la rareté des produits. Donc, poussée à ses dernières limites, elle est le *Sisyphisme* pur, tel que nous l'avons défini : *travail infini, produit nul.*

M. le baron Charles Dupin, le flambeau de la pairie, dit-on, dans les sciences économiques, accuse les chemins de fer *de nuire à la navigation,* et il est certain qu'il est dans la nature d'un moyen plus parfait de restreindre l'emploi d'un moyen comparativement plus grossier. Mais les rails-ways ne peuvent nuire aux bateaux qu'en attirant à eux les transports ; ils ne peuvent les attirer qu'en les exécutant à meilleur marché, et ils ne peuvent les exécuter à meilleur marché qu'*en diminuant le rapport de l'effort employé au résultat obtenu,* puisque c'est cela même qui constitue le bon marché. Lors donc que M. le baron Dupin déplore cette suppression du travail pour un résultat donné, il est dans la doctrine du *Sisyphisme*. Logiquement, comme il préfère le bateau au rail, il devrait préférer le char au bateau, le bât au char, et la hotte à tous les moyens de transport connus, car c'est celui qui exige le plus de travail pour le moindre résultat.

« Le travail constitue la richesse d'un peuple, » disait M. de Saint-Cricq, ce ministre du commerce qui a tant imposé d'entraves au commerce. Il ne faut pas croire que c'était là une proposition elliptique, signifiant: « Les résultats du travail constituent la richesse d'un peuple. » Non, cet économiste entendait bien dire que c'est l'*intensité* du travail qui mesure la richesse, et la preuve, c'est que, de conséquence en conséquence, de restriction en restriction, il conduisait la France, et il croyait bien faire, à consacrer un travail double pour se pourvoir d'une quantité égale de fer, par exemple. En Angleterre, le fer était alors à 8 fr., en France, il revenait à 16 fr. En supposant la journée du travail à 1 fr., il est clair que la France pouvait, par voie de l'échange, se procurer un quintal de fer avec huit journées prises sur l'ensemble du travail national. Grâce aux mesures restrictives de M. de Saint Cricq, il fallait à la France seize journées de travail pour obtenir un quintal de fer par la production directe. — Peine double pour une satisfaction identique, donc richesse double ; donc encore la richesse se mesure non par le résultat, mais par l'intensité du travail. N'est-ce pas là le *Sisyphisme* dans toute sa pureté ?

Et afin qu'il n'y ait pas d'équivoque possible, M. le ministre a soin de compléter plus loin sa pensée, et de même qu'il vient d'appeler *richesse* l'intensité du travail, on va l'entendre appeler *pauvreté* l'abondance des résultats du travail ou des choses propres à satisfaire nos besoins. « Partout, dit-il, des machines ont pris la place des bras de l'homme ; partout la production surabonde ; partout l'équilibre entre la faculté de produire et les moyens de consommer est rompu.» On le voit, selon M. de Saint-Cricq, si la France était dans une situation critique, c'est qu'elle produisait trop, c'est que son travail était trop intelligent, trop fructueux. Nous étions trop bien nourris, trop bien vêtus, trop bien pourvus de toutes choses ; la production trop rapide dépassait tous nos désirs. Il fallait bien mettre un terme à ce fléau, et pour cela nous forcer, par des restrictions, à travailler plus pour produire moins.

J'ai rappelé aussi l'opinion d'un autre ministre du commerce, M. d'Argout. Elle mérite que nous nous y arrêtions un instant. Voulant porter un coup terrible à la betterave, il disait : « Sans doute la culture de la betterave est utile, mais *cette utilité est limitée*. Elle ne comporte pas les gigantesques développements que l'on se plaît à lui prédire. Pour en acquérir la conviction, il suffit de remarquer que cette culture sera nécessairement restreinte dans les bornes de la consommation. Doublez, triplez si vous voulez la consommation actuelle de la France, *vous trouverez toujours qu'une très-minime portion du sol suffira aux besoins de cette consommation*. (Voilà, certes, un singulier grief!) En voulez-vous la preuve ? Combien y avait-il d'hectares plantés en betterave en 1828? 3,130, ce qui équivaut à 1/105 40e du sol cultivable. Combien y en a-t-il aujourd'hui que le sucre indigène a envahi le tiers de la consommation ? 16,700 hectares, soit 1/1978e du sol cultivable, ou 45 centiares par commune. Supposons que le sucre indigène ait déjà envahi toute la consommation, nous n'aurions que 48,000 hectares de cultivés en betterave, ou 1/689e du sol cultivable [1].»

Il y a deux choses dans cette citation : les faits et la doctrine. Les faits tendent à établir qu'il faut peu de terrain, de capitaux et de main-d'œuvre pour produire beaucoup de sucre, et que chaque commune de France en serait abondamment pourvue en livrant à la culture de la betterave un hectare de son territoire. — La doctrine consiste à regarder cette circonstance comme funeste, et à voir dans la puissance même et la fécondité de la nouvelle industrie *la limite de son utilité.*

Je n'ai point à me constituer ici le défenseur de la betterave ou le juge des faits étranges avancés par M. d'Argout [2] ; mais il vaut la peine de scruter la doctrine d'un homme d'État à qui la France a confié pendant longtemps le sort de son agriculture et de son commerce.

---

[1] Il est juste de dire que M. d'Argout mettait cet étrange langage dans la bouche des adversaires de la betterave. Mais il se l'appropriait formellement et le sanctionnait d'ailleurs par la loi même à laquelle il servait de justification.

[2] A supposer que 48,000 à 50,000 hectares suffisent à alimenter la consommation actuelle, il en faudrait 150,000 pour une consommation triple, que M. d'Argout admet comme

J'ai dit en commençant qu'il existe un rapport variable entre l'effort industriel et son résultat; que l'imperfection absolue consiste en un effort infini sans résultat aucun ; la perfection absolue en un résultat illimité sans aucun effort; et la perfectibilité dans la diminution progressive de l'effort comparé au résultat.

Mais M. d'Argout nous apprend que la mort est là où nous croyons apercevoir la vie, et que l'importance d'une industrie est en raison directe de son impuissance. Qu'attendre, par exemple, de la betterave? Ne voyez-vous pas que 48,000 hectares de terrain, un capital et une main-d'œuvre proportionnés suffiront à approvisionner de sucre toute la France? Donc c'est là une industrie *d'une utilité limitée;* limitée, bien entendu, quant au travail qu'elle exige, seule manière dont, selon l'ancien ministre, une industrie puisse être utile. Cette utilité serait bien plus limitée encore si, grâce à la fécondité du sol ou à la richesse de la betterave, nous recueillions sur 24,000 hectares ce que nous ne pouvons obtenir que sur 48,000. Oh ! s'il fallait vingt fois, cent fois plus de terre, de capitaux et de bras *pour arriver au même résultat,* à la bonne heure, on pourrait fonder sur la nouvelle industrie quelques espérances, et elle serait

possible. — De plus, si la betterave entrait dans un assolement de six ans, elle occuperait successivement 900,000 hectares, ou 1/58ᵉ du sol cultivable.

digne de toute la protection de l'État, car elle offrirait un vaste champ au travail national. Mais produire beaucoup avec peu ! cela est d'un mauvais exemple, et il est bon que la loi y mette ordre.

Mais ce qui est vérité à l'égard du sucre ne saurait être erreur relativement au pain. Si donc l'*utilité* d'une industrie doit s'apprécier, non par les satisfactions qu'elle est en mesure de procurer avec une quantité de travail déterminée, mais, au contraire, par le développement de travail qu'elle exige pour subvenir a une somme donnée de satisfactions, ce que nous devons désirer évidemment, c'est que chaque hectare de terre produise peu de blé, et chaque grain de blé peu de substance alimentaire ; en d'autres termes, que notre territoire soit infertile ; car alors la masse de terres, de capitaux, de main-d'œuvre qu'il faudra mettre en mouvement pour nourrir la population sera comparativement bien plus considérable ; on peut même dire que le débouché ouvert au travail humain sera en raison directe de cette infertilité. Les vœux de MM. Bugeaud, Saint-Cricq, Dupin, d'Argout, seront satisfaits ; le pain sera cher, le travail abondant, et la France sera riche, riche comme ces messieurs l'entendent.

Ce que nous devons désirer encore, c'est que l'intelligence humaine s'affaiblisse et s'éteigne ; car, tant qu'elle vit, elle cherche incessamment à augmenter *le rapport de la fin au moyen et du pro-*

duit à la peine. C'est même en cela, et exclusivement en cela qu'elle consiste.

Ainsi le *Sisyphisme* est la doctrine de tous les hommes qui ont été chargés de nos destinées industrielles. Il ne serait pas juste de leur en faire un reproche. Ce principe ne dirige les ministères que parce qu'il règne dans les chambres ; il ne règne dans les chambres que parce qu'il y est envoyé par le corps électoral, et le corps électoral n'en est imbu que parce que l'opinion publique en est saturée.

Je crois devoir répéter ici que je n'accuse pas des hommes tels que MM. Bugeaud, Dupin, Saint-Cricq, d'Argout, d'être absolument, et en toutes circonstances, *Sisyphistes*. A coup sûr ils ne le sont pas dans leurs transactions privées ; à coup sûr chacun d'entre eux se procure, *par voie d'échange*, ce qu'il lui en coûterait plus cher de se procurer *par voie de production directe*. Mais je dis qu'ils sont *Sisyphistes* lorsqu'ils empêchent le pays d'en faire autant.

IV. — Égaliser les conditions de production.

On dit... mais, pour n'être pas accusé de mettre des sophismes dans la bouche des protectionistes, je laisse parler l'un de leurs plus vigoureux athlètes.

« On a pensé que la protection devait être chez nous simplement la représentation de la différence qui existe entre le prix de revient d'une denrée que nous produisons et le prix de revient de la denrée similaire produite chez nos voisins... Un droit protecteur calculé sur ces bases ne fait qu'assurer la libre concurrence...; la libre concurrence n'existe que lorsqu'il y a égalité de conditions et de charges. Lorsqu'il s'agit d'une course de chevaux, on pèse le fardeau que doit supporter chacun des coureurs, et on égalise les conditions ; sans cela, ce ne sont plus des concurrents. Quand il s'agit de commerce, si l'un des vendeurs peut livrer à meilleur marché, il cesse d'être concurrent et devient monopoleur... Supprimez cette protection représentative de la différence dans le prix de revient, dès lors l'étranger envahit votre marché, et le monopole lui est acquis [1]. »

« Chacun doit vouloir pour lui, comme pour les autres, que la production du pays, soit protégée contre la concurrence étrangère, *toutes les fois que celle-ci pourrait fournir les produits à plus bas prix* [2]. »

Cet argument revient sans cesse dans les écrits de l'école protectioniste. Je me propose de l'examiner avec soin, c'est-à-dire que je réclame l'attention et même la patience du lecteur. Je m'occuperai d'abord des inégalités qui tiennent à la nature, ensuite de celles qui se rattachent à la diversité des taxes.

Ici, comme ailleurs, nous retrouvons les théoriciens de la protection placés au point de vue du producteur, tandis que nous prenons en main la cause de ces malheureux consommateurs dont ils ne veulent absolument pas tenir compte. Ils comparent le champ de l'industrie au *turf*. Mais, au turf, la course est tout à la fois *moyen* et *but*. Le public ne prend aucun intérêt à la lutte en dehors de la lutte elle-même. Quand vous lancez vos chevaux dans l'unique *but* de savoir quel est le meilleur coureur, je conçois que vous égalisiez les fardeaux. Mais, si vous aviez pour *but* de faire parvenir au poteau une nouvelle importante et pressée, pourriez-vous, sans inconséquence, créer des obsta-

[1] M. le vicomte de Romanet.
[2] Matthieu de Dombasle.

cles à celui qui vous offrirait les meilleures conditions de vitesse? C'est pourtant là ce que vous faites en industrie. Vous oubliez son résultat cherché, qui est le *bien-être*; vous en faites abstraction; vous le sacrifiez même par une véritable pétition de principes.

Mais, puisque nous ne pouvons amener nos adversaires à notre point de vue, plaçons-nous au leur, et examinons la question sous le rapport de la production.

Je chercherai à établir :

1º Que niveler les conditions du travail, c'est attaquer l'échange dans son principe ;

2º Qu'il n'est pas vrai que le travail d'un pays soit étouffé par la concurrence des contrées plus favorisées ;

3º Que, cela fût-il exact, les droits protecteurs n'égalisent pas les conditions de production ;

4º Que la liberté nivelle ces conditions autant qu'elles peuvent l'être ;

5º Enfin, que ce sont les pays les moins favorisés qui gagnent le plus dans les échanges.

I. Niveler les conditions du travail, ce n'est pas seulement gêner quelques échanges, c'est attaquer l'échange dans son principe, car il est fondé précisément sur cette diversité, ou, si on l'aime mieux, sur ces inégalités de fertilité, d'aptitudes, de climats, de température, que vous voulez effacer. Si la Guyenne envoie des vins à la Bretagne, et la Bretagne des blés à la Guyenne, c'est que ces deux provinces sont placées dans des conditions différentes de production. Y a-t-il une autre loi pour échanges internationaux ? Encore une fois, se prévaloir contre eux des inégalités de conditions qui les provoquent et les expliquent, c'est les attaquer dans leur raison d'être. Si les protectionistes avaient pour eux assez de logique et de puissance, ils réduiraient les hommes, comme des colimaçons, à l'isolement absolu. Il n'y a pas, du reste, un de leurs sophismes qui, soumis à l'épreuve de déductions rigoureuses, n'aboutisse à la destruction et au néant.

II. Il n'est pas vrai, *en fait*, que l'inégalité des conditions entre deux industries similaires entraîne nécessairement la chute de celle qui est la moins bien partagée. Au turf, si un des coursiers gagne le prix, l'autre le perd ; mais, quand deux chevaux travaillent à produire des utilités, chacun en produit dans la mesure de ses forces, et de ce que le plus vigoureux rend plus de services, il ne s'ensuit pas que le plus faible n'en rend pas du tout. — On cultive du froment dans tous les départements de la France, quoiqu'il y ait entre eux d'énormes différences de fertilité ; et si par hasard il en est un qui n'en cultive pas, c'est qu'il n'est pas bon, même pour lui, qu'il en cultive. De même, l'analogie nous dit que, sous le régime de la liberté, malgré de semblables différences, on produirait du froment dans tous les royaumes de l'Europe, et s'il en était un qui vînt à renoncer à cette culture, c'est que, *dans son intérêt*, il trouverait à faire un meilleur emploi de ses terres, de ses capitaux et de sa main-d'œuvre. Et pourquoi la fertilité d'un département ne paralyse-t-elle pas l'agriculteur du département voisin moins favorisé ? Parce que les phénomènes économiques ont une souplesse, une élasticité, et, pour ainsi dire, des *ressources de nivellement* qui paraissent échapper entièrement à l'école protectioniste. Elle nous accuse d'être systématiques ; mais c'est elle qui est systématique au suprême degré, si l'esprit de système consiste à échafauder des raisonnements sur un fait et non sur l'ensemble des faits. — Dans l'exemple ci-dessus, c'est la différence dans la valeur des terres qui compense la différence de leur fertilité. — Votre champ produit trois fois plus que le mien. Oui : mais il vous a coûté dix fois davantage, et je puis encore lutter avec vous. — Voilà tout le mystère. — Et remarquez que la supériorité, sous quelques rapports, amène l'infériorité à d'autres égards. — C'est précisément parce que votre sol est plus fécond qu'il est plus cher, en sorte que ce n'est pas *accidentellement*, mais *nécessairement* que l'équilibre s'établit ou tend à s'établir : et peut-on nier que la liberté ne soit le régime qui favorise le plus cette tendance ?

J'ai cité une branche d'agriculture ; j'aurais pu aussi bien citer une branche d'industrie. Il y a des tailleurs à Quimper, et cela n'empêche pas qu'il n'y en ait à Paris, quoique ceux-ci payent bien autrement cher leur loyer, leur ameublement, leurs ouvriers et leur nourriture. Mais aussi ils ont une bien autre clientèle, et cela suffit non-seulement pour rétablir la balance, mais encore pour la faire pencher de leur côté.

Lors donc qu'on parle d'égaliser les conditions du travail, il faudrait au moins examiner si la liberté ne fait pas ce qu'on demande à l'arbitraire.

Ce nivellement naturel des phénomènes économiques est si important dans la question, et, en même temps, si propre à nous faire admirer la sagesse providentielle qui préside au gouvernement égalitaire de la société, que je demande la permission de m'y arrêter un instant.

MM. les protectionistes, vous dites : Tel peuple a sur nous l'avantage du bon marché de la houille, du fer, des machines, des capitaux ; nous ne pouvons lutter avec lui.

Cette proposition sera examinée sous d'autres aspects. Quant à présent, je me renferme dans la question, qui est de savoir si, quand une supériorité et une infériorité sont en présence, elles ne portent pas en elles-mêmes, celle-ci la force ascendante, celle-là la force descendante, qui doivent les ramener à un juste équilibre.

Voilà deux pays, A et B. — A possède sur B toutes sortes d'avantages. Vous en concluez que le tra-

vail se concentre en A et que B est dans l'impuissance de rien faire. A, dites-vous, vend beaucoup
plus qu'il n'achète ; B achète beaucoup plus qu'il
ne vend. Je pourrais contester, mais je me place
sur votre terrain.

Dans l'hypothèse, le travail est très-demandé
en A, et bientôt il y renchérit.

Le fer, la houille, les terres, les aliments, les
capitaux sont très-demandés en A, et bientôt ils y
renchérissent.

Pendant ce temps-là, travail, fer, houille,
terres, aliments, capitaux, tout est très-délaissé
en B, et bientôt tout y baisse de prix.

Ce n'est pas tout. A vendant toujours, B ache-
tant sans cesse, le numéraire passe de B en A. Il
abonde en A, il est rare en B.

Mais abondance de numéraire, cela veut dire
qu'il en faut beaucoup pour acheter toute autre
chose. Donc, en A, à la *cherté réelle* qui provient
d'une demande très-active, s'ajoute une *cherté
nominale* due à la surproportion des métaux précieux.

Rareté de numéraire, cela signifie qu'il en faut
peu pour chaque emplette. Donc en B, un *bon
marché nominal* vient se combiner avec le *bon
marché réel*.

Dans ces circonstances, l'industrie aura toutes
sortes de motifs, des motifs, si je puis le dire, portés à la quatrième puissance, pour déserter A et
venir s'établir en B.

Ou, pour rentrer dans la vérité, disons qu'elle n'aura pas attendu ce moment, que les brusques déplacements répugnent à sa nature, et que, dès l'origine, sous un régime libre, elle se sera progressivement partagée et distribuée entre A et B, selon les lois de l'offre et de la demande, c'est-à-dire selon les lois de la justice et de l'utilité.

Et quand je dis que, s'il était possible que l'industrie se concentrât sur un point, il surgirait dans son propre sein et par cela même une force irrésistible de décentralisation, je ne fais pas une vaine hypothèse.

Écoutons ce que disait un manufacturier à la chambre de commerce de Manchester (je supprime les chiffres dont il appuyait sa démonstration) :

« Autrefois nous exportions des étoffes ; puis
« cette exportation a fait place à celle des fils, qui
« sont la matière première des étoffes ; ensuite à
« celle des machines, qui sont les instruments de
« production du fil ; plus tard, à celle des capi-
« taux, avec lesquels nous construisons nos ma-
« chines ; et enfin, à celle de nos ouvriers et de
« notre génie industriel, qui sont la source de nos
« capitaux. Tous ces éléments de travail ont été les
« uns après les autres s'exercer là où ils trouvaient
« à le faire avec plus d'avantages, là où l'existence
« est moins chère, la vie plus facile, et l'on peut
« voir aujourd'hui en Prusse, en Autriche, en
« Saxe, en Suisse, en Italie, d'immenses manu-
« factures fondées avec des capitaux anglais, ser-

« vies par des ouvriers anglais et dirigées par des
« ingénieurs anglais. »

Vous voyez bien que la nature, ou plutôt la Providence, plus ingénieuse, plus sage, plus prévoyante que ne le suppose votre étroite et rigide théorie, n'a pas voulu cette concentration de travail, ce monopole de toutes les supériorités dont vous arguez comme d'un fait absolu et irrémédiable. Elle a pourvu par des moyens aussi simples qu'infaillibles à ce qu'il y eût dispersion, diffusion, solidarité, progrès simultané ; toutes choses que vos lois restrictives paralysent autant qu'il est en elles, car leur tendance, en isolant les peuples, est de rendre la diversité de leur condition beaucoup plus tranchée, de prévenir le nivellement, d'empêcher la fusion, de neutraliser les contre-poids et de parquer les peuples dans leur supériorité ou leur infériorité respective.

III. En troisième lieu, dire que, par un droit protecteur, on égalise les conditions de production, c'est donner une locution fausse pour véhicule à une erreur. Il n'est pas vrai qu'un droit d'entrée égalise les conditions de production. Celles-ci restent après le droit ce qu'elles étaient avant. Ce que le droit égalise tout au plus, ce sont les *conditions de la vente*. On dira peut-être que je joue sur les mots, mais je renvoie l'accusation à mes adversaires. C'est à eux de prouver que *production* et *vente* sont synonymes, sans quoi je suis fondé à leur reprocher, sinon de jouer sur les termes, du moins de les confondre.

Qu'il me soit permis d'éclairer ma pensée par un exemple.

Je suppose qu'il vienne à l'idée de quelques spéculateurs parisiens de se livrer à la production des oranges. Ils savent que les oranges de Portugal peuvent se vendre à Paris 10 centimes, tandis qu'eux, à raison des caisses, des serres qui leur seront nécessaires, à cause du froid qui contrariera souvent leur culture, ne pourront pas exiger moins d'un franc comme prix rémunérateur. Ils demandent que les oranges de Portugal soient frappées d'un droit de 90 cent. Moyennant ce droit, les *conditions de production*, disent-ils, seront égalisées, et la chambre cédant comme toujours, à ce raisonnement, inscrit sur le tarif un droit de 90 cent. par orange étrangère.

Et bien ! je dis que *les conditions de production* ne sont nullement changées. La loi n'a rien ôté à la chaleur du soleil de Lisbonne ni à la fréquence ou à l'intensité des gelées de Paris. La maturité des oranges continuera à se faire *naturellement* sur les rives du Tage et *artificiellement* sur les rives de la Seine, c'est-à-dire qu'elle exigera beaucoup plus de travail humain dans un pays que dans l'autre. Ce qui sera égalisé, ce sont les *conditions de la vente* : les Portugais devront nous vendre leurs oranges à un franc, dont 90 centimes pour acquitter la taxe. Elle sera payée évidemment par le consommateur français. Et voyez la bizarrerie du résultat. Sur chaque orange portugaise consommée, le pays ne perdra rien ; car les 90 cent. payés en plus par le consommateur entreront au Trésor. Il y aura déplacement, il n'y aura pas perte. Mais, sur chaque orange française consommée, il y aura 90 centimes de perte ou à peu près, car l'acheteur les perdra bien certainement, et le vendeur, bien certainement aussi, ne les gagnera pas, puisque, d'après l'hypothèse même, il n'en aura tiré que le prix de revient. Je laisse aux protectionistes le soin d'enregistrer la conclusion.

IV. Si j'ai insisté sur cette distinction entre les conditions de production et les conditions de vente, distinction que messieurs les prohibitionistes trouveront sans doute paradoxale, c'est qu'elle doit m'amener à les affliger encore d'un autre paradoxe bien plus étrange, et c'est celui-ci : Voulez-vous égaliser réellement les *conditions de production* ? laissez l'échange libre.

Oh ! pour le coup, dira-t-on, c'est trop fort, et c'est abuser des jeux d'esprit. Eh bien ! ne fût-ce que par curiosité, je prie messieurs les protectionistes de suivre jusqu'au bout mon argumentation. Ce ne sera pas long. — Je reprends mon exemple.

Si l'on consent à supposer, pour un moment, que le profit moyen et quotidien de chaque Français est de un franc, il s'ensuivra incontestablement que pour produire *directement* une orange en France, il faudra une journée de travail ou l'équivalent, tandis que, pour produire la contre-valeur d'une orange portugaise, il ne faudra qu'un dixième de cette journée, ce qui ne veut dire autre chose, si ce n'est que le soleil fait à Lisbonne ce que le travail fait à Paris. Or, n'est-il pas évident que, si je puis produire une orange, ou, ce qui revient au même, de quoi l'acheter, avec un dixième de journée de travail, je suis placé, relativement à cette production, exactement dans les mêmes conditions que le producteur portugais lui-même, sauf le transport, qui doit être à ma charge? Il est donc certain que la liberté égalise les conditions de production directe ou indirecte, autant qu'elles peuvent être égalisées, puisqu'il ne laisse plus subsister qu'une différence inévitable, celle du transport.

J'ajoute que la liberté égalise aussi les conditions de jouissance, de satisfactions, de consommations, ce dont on ne s'occupe jamais, et ce qui est pourtant l'essentiel, puisqu'en définitive la consommation est le but final de tous nos efforts industriels. Grâce à l'échange libre, nous jouirions du soleil portugais comme le Portugal lui-même; les habitants du Havre auraient à leur portée, tout aussi bien que ceux de Londres, et aux mêmes conditions, les avantages que la nature a conférés à Newcastle sous le rapport minéralogique.

V. Messieurs les protectionistes, vous me trouvez en humeur paradoxale : eh bien ! je veux aller plus loin encore. Je dis, et je le pense très-sincèrement, que, si deux pays se trouvent placés dans des conditions de production inégales, *c'est celui des deux qui est le moins favorisé de la nature qui a le plus à gagner à la liberté des échanges.* — Pour le prouver, je devrai m'écarter un peu de la forme qui convient à cet écrit. Je le ferai néanmoins, d'abord parce que toute la question est là, ensuite parce que cela me fournira l'occasion d'exposer une loi économique de la plus haute importance, et qui, bien comprise, me semble destinée à ramener à la science toutes ces sectes qui de nos jours cherchent dans le pays des chimères cette harmonie sociale qu'elles n'ont pu découvrir dans la nature. Je veux parler de la loi de la consommation, que l'on pourrait peut-être reprocher à la plupart des économistes d'avoir beaucoup trop négligée.

La consomnation est *la fin,* la cause finale de tous les phénomènes économiques, et c'est en elle par conséquent que se trouve leur dernière et définitive solution.

Rien de favorable ou de défavorable ne peut s'arrêter d'une manière permanente au producteur. Les avantages que la nature et la société lui prodiguent, les inconvénients dont elles le frappent, glissent sur lui, pour ainsi dire, et tendent insensiblement à aller s'absorber et se fondre dans la communauté, la communauté considérée au point de vue de la consommation. C'est là une loi admirable dans sa cause et dans ses effets, et celui qui parviendrait à la bien décrire aurait, je crois, le droit de dire : « Je n'ai pas passé sur cette terre sans payer mon tribut à la société. »

Toute circonstance qui favorise l'œuvre de la production est accueillie avec joie par le producteur, car l'*effet immédiat* est de le mettre à même de rendre plus de services à la communauté et d'en exiger une plus grande rémunération. Toute circonstance qui contrarie la production est accueillie avec peine par le producteur, car l'*effet immédiat* est de limiter ses services et par suite sa rémunération. Il fallait que les biens et les maux *immédiats* des circonstances heureuses ou funestes fussent le lot du producteur, afin qu'il fût invinciblement porté à rechercher les unes et à fuir les autres.

De même, quand un travailleur parvient à perfectionner son industrie, le bénéfice *immédiat* du perfectionnement est recueilli par lui. Cela était nécessaire pour le déterminer à un travail intelligent, cela était juste, parce qu'il est juste qu'un effort couronné de succès apporte avec lui sa récompense.

Mais je dis que ces effets bons et mauvais, quoique permanents en eux-mêmes, ne le sont pas quant au producteur. S'il en eût été ainsi, un principe d'inégalité progressive, et, partant, infinie, eût été introduit parmi les hommes, et c'est pourquoi ces biens et ces maux vont bientôt s'absorber dans les destinées générales de l'humanité.

Comment cela s'opère-t-il? — Je le ferai comprendre par quelques exemples.

Transportons-nous au treizième siècle. Les hommes qui se livrent à l'art de copier reçoivent, pour le service qu'ils rendent, *une rémunération gouvernée par le taux général des profits*. — Parmi eux, il s'en rencontre un qui cherche et trouve le moyen de multiplier rapidement les exemplaires d'un même écrit. Il invente l'imprimerie.

Dabord, c'est un homme qui s'enrichit, et beaucoup d'autres qui s'appauvrissent. A ce premier aperçu, quelque merveilleuse que soit la découverte, on hésite à décider si elle n'est pas plus funeste qu'utile. Il semble qu'elle introduit dans le monde, ainsi que je l'ai dit, un élément d'inégalité indéfinie. Guttemberg fait des profits avec son invention et étend son invention avec ses profits, et cela sans terme, jusqu'à ce qu'il ait ruiné tous les copistes. — Quant au public, au consommateur, il gagne peu, car Guttemberg a soin de ne baisser le prix de ses livres que tout juste ce qu'il faut pour sous-vendre ses rivaux.

Mais la pensée qui mit l'harmonie dans le mouvement des corps célestes a su la mettre aussi dans le mécanisme interne de la société. Nous allons voir les avantages économiques de l'invention échapper à l'individualité, et devenir, pour toujours, le patrimoine commun des masses.

En effet, le procédé finit par être connu. Guttemberg n'est plus le seul à imprimer; d'autres personnes l'imitent. Leurs profits sont d'abord considérables. Elles sont récompensées pour être entrées les premières dans la voie de l'imitation, et cela était encore nécessaire, afin qu'elles y fussent attirées et qu'elles concourussent au grand résultat définitif vers lequel nous approchons. Elles gagnent beaucoup, mais elles gagnent moins que l'inventeur, car la *concurrence* vient de commencer son œuvre. Le prix des livres va toujours baissant. Les bénéfices des imitateurs diminuent à mesure qu'on s'éloigne du jour de l'invention, c'est-à-dire à mesure que l'imitation devient moins méritoire. Bientôt la nouvelle industrie arrive à son état normal ; en d'autres termes, la rémunération des imprimeurs n'a plus rien d'exceptionnel, et, comme autrefois celle des scribes, elle n'est plus gouvernée que *par le taux général des profits*. Voilà donc la production, en tant que telle, replacée comme au point de départ. — Cependant l'invention n'en est pas moins acquise ; l'épargne du temps, du travail, de l'effort pour un résultat donné, pour un nombre déterminé d'exemplaires, n'en est pas moins réalisée. Mais comment se manifeste-t-elle ? Par le bon marché des livres. Et au profit de qui ? Au profit du consommateur, de la société, de l'humanité. — Les imprimeurs, qui désormais n'ont plus aucun mérite exceptionnel, ne reçoivent pas non plus désormais une rémunération exceptionnelle. Comme hommes, comme consommateurs, ils sont sans doute participants des avantages que l'invention a conférés à la communauté. Mais voilà tout. En tant qu'imprimeurs, en tant que producteurs, ils sont rentrés dans les conditions ordinaires de tous les producteurs du pays. La société les paye pour leur travail, et non pour l'utilité de l'invention. Celle-ci est devenue l'héritage commun et gratuit de l'humanité entière.

J'avoue que la sagesse et la beauté de ces lois me frappent d'admiration et de respect. J'y vois le saint-simonisme : *A chacun selon sa capacité, à chaque capacité selon ses œuvres.* — J'y vois le communisme, c'est-à-dire la tendance des biens à devenir le *commun* héritage des hommes ; — mais un saint-simonisme, un communisme réglés par la prévoyance infinie, et non point abandonnés à la fragilité, aux passions et à l'arbitraire des hommes.

Ce que j'ai dit de l'imprimerie, on peut le dire de tous les instruments de travail, depuis le clou et le marteau jusqu'à la locomotive et au télégraphe électrique. La société jouit de tous par l'abondance de ses consommations, et *elle en jouit gratuitement,* car leur effet est de diminuer le prix des objets ; et toute cette partie du prix qui a été anéantie, laquelle représente bien l'œuvre de l'invention dans la production, rend évidemment le produit *gratuit* dans cette mesure. Il ne reste à payer que le travail humain, le travail actuel, et il se paye, abstraction faite du résultat dû à l'invention, du moins quand elle a parcouru le cycle que je viens de décrire et qu'il est dans sa destinée de parcourir. — J'appelle chez moi un ouvrier, il arrive avec une scie, je lui paye sa journée à deux francs, et il me fait vingt-cinq planches. Si la scie n'eût pas été inventée, il n'en aurait peut-être pas fait une, et je ne lui aurais pas moins payé sa journée. *L'utilité* produite par la scie est donc pour moi un don gratuit de la nature, ou plutôt c'est une portion de l'héritage que j'ai reçu *en commun*, avec tous mes frères, de l'intelligence de nos ancêtres. — J'ai deux ouvriers dans mon champ. L'un tient les manches d'une charrue, l'autre le manche d'une bêche. Le résultat de leur travail est bien différent, mais le prix de la journée est le même, parce que la rémunération ne se proportionne pas à l'utilité produite, mais à l'effort, au travail exigé.

J'invoque la patience du lecteur et je le prie de croire que je n'ai pas perdu de vue la liberté commerciale. Qu'il veuille bien seulement se rappeler la conclusion à laquelle je suis arrivé : *La rémunération ne se proportionne pas aux* UTILITÉS *que le producteur porte sur le marché, mais à son travail*[1].

---

[1] Il est vrai que le travail ne reçoit pas une rémunération

J'ai pris mes exemples dans les inventions humaines. Parlons maintenant des avantages naturels.

Dans tout produit, la nature et l'homme concourent. Mais la part d'utilité qu'y met la nature est toujours gratuite. Il n'y a que cette portion d'utilité qui est due au travail humain qui fait l'objet de l'échange et par conséquent de la rémunération. Celle-ci varie sans doute beaucoup à raison de l'intensité du travail, de son habileté, de sa promptitude, de son à-propos, du besoin qu'on en a, de l'absence momentanée de rivalité, etc., etc. Mais il n'en est pas moins vrai, en principe, que le concours des lois naturelles appartenant à tous, n'entre pour rien dans le prix du produit.

Nous ne payons pas l'air respirable, quoiqu'il nous soit si *utile* que, sans lui, nous ne saurions vivre deux minutes. Nous ne le payons pas néanmoins, parce que la nature nous le fournit sans l'intervention d'aucun travail humain. Que si nous voulons séparer un des gaz qui le composent, par exemple pour faire une expérience, il faut nous donner une peine, ou, si nous la faisons prendre à un autre, il faut lui sacrifier une peine équivalente que nous aurons mise dans un autre produit. Par où l'on voit que l'échange s'o-

uniforme. Il y en a de plus ou moins intense, dangereux, habile, etc. La concurrence établit pour chaque catégorie un prix courant, et c'est de ce prix variable que je parle.

père entre des peines, des efforts, des travaux. Ce n'est véritablement pas le gaz oxygène que je paie, puisqu'il est partout à ma disposition, mais le travail qu'il a fallu accomplir pour le dégager, travail qui m'a été épargné et qu'il faut bien que je restitue. Dira-t-on qu'il y a autre chose à payer, des dépenses, des matériaux, des appareils ? Mais encore, dans ces choses, c'est du travail que je paye. Le prix de la houille employée représente le travail qu'il a fallu faire pour l'extraire et la transporter.

Nous ne payons pas la lumière du soleil, parce que la nature nous la prodigue. Mais nous payons celle du gaz, du suif, de l'huile, de la cire, parce qu'il y a ici un travail humain à rémunérer ; et remarquez que c'est si bien au travail et non à l'utilité que la rémunération se proportionne, qu'il peut fort bien arriver qu'un de ces éclairages, quoique beaucoup plus intense qu'un autre, coûte cependant moins cher. Il suffit pour cela que la même quantité de travail humain en fournisse davantage.

Quand le porteur d'eau vient approvisionner ma maison, si je le payais à raison de l'*utilité absolue* de l'eau, ma fortune n'y suffirait pas. Mais je le paye à raison de la peine qu'il a prise. S'il exigeait davantage, d'autres la prendraient, et, en définitive, au besoin, je la prendrais moi-même. L'eau n'est vraiment pas la matière de notre marché, mais bien le travail fait à l'occasion de l'eau.

Ce point de vue est si important et les conséquences que j'en vais tirer si lumineuses, quant à
la liberté des échanges internationaux, que je crois
devoir élucider encore ma pensée par d'autres
exemples.

La quantité de substance alimentaire contenue
dans les pommes de terre ne nous coûte pas fort
cher, parce qu'on en obtient beaucoup avec peu
de travail. Nous payons davantage le froment,
parce que, pour le produire, la nature exige une
plus grande somme de travail humain. Il est évident que, si la nature faisait pour celui-ci ce qu'elle
fait pour celles-là, les prix tendraient à se niveler.
Il n'est pas possible que le producteur de froment
gagne d'une manière permanente beaucoup plus
que le producteur de pommes de terre. La loi de
la concurrence s'y oppose.

Si, par un heureux miracle, la fertilité de toutes
les terres arables venait à s'accroître, ce n'est point
l'agriculteur, mais le consommateur qui recueil-
lerait l'avantage de ce phénomène, car il se résou-
drait en abondance, en bon marché. Il y aurait
moins de travail incorporé dans chaque hectolitre
de blé, et l'agriculteur ne pourrait l'échanger que
contre un moindre travail incorporé dans tout
autre produit. Si, au contraire, la fécondité du sol
venait tout à coup à diminuer, la part de la nature
dans la production serait moindre, celle du travail
plus grande, et le produit plus cher. J'ai donc eu
raison de dire que c'est dans la consommation,

dans l'humanité que viennent se résoudre, à la longue, tous les phénomènes économiques. Tant qu'on n'a pas suivi leurs effets jusque-là, tant qu'on s'arrête aux effets *immédiats*, à ceux qui affectent un homme ou une classe d'hommes, *en tant que producteurs*, on n'est pas économiste; pas plus que celui-là n'est médecin qui, au lieu de suivre dans tout l'organisme les effets d'un breuvage, se bornerait à observer, pour le juger, comment il affecte le palais ou le gosier.

Les régions tropicales sont très-favorisées pour la production du sucre, du café. Cela veut dire que là nature fait la plus grande partie de la besogne et laisse peu à faire au travail. Mais alors qui recueille les avantages de cette libéralité de la nature? Ce ne sont point ces régions, car la concurrence les amène à ne recevoir que la rémunération du travail; mais c'est l'humanité, car le résultat de cette libéralité s'appelle *bon marché*, et le bon marché appartient à tout le monde.

Voici une zone tempérée où la houille, le minerai de fer, sont à la surface du sol, il ne faut que se baisser pour en prendre. D'abord, les habitants profiteront de cette heureuse circonstance, je le veux bien. Mais bientôt, la concurrence s'en mêlant, le prix de la houille et du fer baissera jusqu'à ce que le don de la nature soit gratuitement acquis à tous, et que le travail humain soit seul rémunéré, selon le taux général des profits.

Ainsi les libéralités de la nature, comme les perfectionnements acquis dans les procédés de la production, sont ou tendent sans cesse à devenir, sous la loi de la concurrence, le patrimoine commun et *gratuit* des consommateurs, des masses, de l'humanité. Donc, les pays qui ne possèdent pas ces avantages ont tout à gagner à échanger avec ceux qui les possèdent, parce que l'échange s'accomplit entre *travaux*, abstraction faite des utilités naturelles que ces travaux renferment ; et ce sont évidemment les pays les plus favorisés qui ont incorporé dans un travail donné le plus de ces *utilités naturelles*. Leurs produits, représentant moins de travail, sont moins rétribués ; en d'autres termes, ils sont à *meilleur marché*, et si toute la libéralité de la nature se résout en *bon marché*, évidemment ce n'est pas le pays producteur, mais le pays consommateur, qui en recueille le bienfait.

Par où l'on voit l'énorme absurdité de ce pays consommateur, s'il repousse le produit précisément parce qu'il est à bon marché ; c'est comme s'il disait : « Je ne veux rien de ce que la nature donne. Vous me demandez un effort égal à deux pour me donner un produit que je ne puis créer qu'avec une peine égale à quatre ; vous pouvez le faire, parce que chez vous la nature a fait la moitié de l'œuvre. Eh bien ! moi je le repousse, et j'attendrai que votre climat, devenu plus inclément, vous force à me demander une peine égale à quatre, afin de traiter avec vous *sur le pied de l'égalité*. »

A est un pays favorisé, B est un pays maltraité
de la nature. Je dis que l'échange est avantageux
à tous deux, mais surtout à B, parce que l'échange
ne consiste pas en *utilités* contre *utilités*, mais en
valeur contre *valeur*. Or, A met *plus d'utilités
sous la même valeur*, puisque l'utilité du produit
embrasse ce qu'y a mis la nature et ce qu'y a mis
le travail, tandis que la valeur ne correspond qu'à
ce qu'y a mis le travail. — Donc B fait un marché
tout à son avantage. En acquittant au producteur
de A simplement son travail, il reçoit par-dessus
le marché plus d'utilités naturelles qu'il n'en
donne..

Posons la règle générale.

Échange, c'est troc de *valeurs;* et la valeur étant
réduite, par la concurrence, à représenter du travail, échange c'est troc de travaux égaux. Ce que
la nature a fait pour les produits échangés est donné
de part et d'autre *gratuitement et par-dessus le
marché*, d'où il suit rigoureusement que les échanges accomplis avec les pays les plus favorisés de la
nature sont les plus avantageux.

La théorie dont j'ai essayé, dans ce chapitre, de
tracer les lignes et les contours demanderait de
grands développements. Je ne l'ai envisagée que
dans ses rapports avec mon sujet, la liberté commerciale. Mais peut-être le lecteur attentif y
aura-t-il aperçu le germe fécond qui doit dans sa
croissance étouffer au-dessous de lui, avec la pro-

tection, le fouriérisme, le saint-simonisme, le communisme, et toutes ces écoles qui ont pour objet d'exclure du gouvernement du monde la loi de la CONCURRENCE. Considérée au point de vue du producteur, la concurrence froisse sans doute souvent nos intérêts individuels et *immédiats ;* mais, si l'on se place au point de vue du but général de tous les travaux, du bien-être universel, en un mot, de la *consommation*, on trouvera que la concurrence joue, dans le monde moral, le même rôle que l'équilibre dans le monde matériel. Elle est le fondement du vrai communisme, du vrai socialisme, de cette égalité de bien-être et de conditions si désirée de nos jours ; et si tant de publicistes sincères, tant de réformateurs de bonne foi les demandent à l'*arbitraire*, c'est qu'ils ne comprennent pas la *liberté* [1].

1 La théorie esquissée dans ce chapitre a été plus tard développée par l'auteur dans les *Harmonies Economiques*, c. v, viii, x et xi. *(Note de l'éditeur)*.

C'est le même sophisme. On demande que le produit étranger soit taxé, afin de neutraliser les effets de la taxe qui pèse sur le produit national. Il s'agit donc encore d'égaliser les conditions de la production. Nous n'aurions qu'un mot à dire : c'est que la taxe est un obstacle artificiel qui a exactement le même résultat qu'un obstacle naturel, celui de forcer la hausse du prix. Si cette hausse arrive au point qu'il y ait plus de perte à créer le produit lui-même qu'à le tirer du dehors en en créant la contre-valeur, *laissez faire*. L'intérêt privé saura bien de deux maux choisir le moindre. Je pourrais donc renvoyer le lecteur à la démonstration précédente ; mais le sophisme que j'ai ici à combattre revient si souvent dans les doléances et les requètes, j'allais dire les sommations de l'école protectioniste, qu'il mérite bien une discussion spéciale.

Si l'on veut parler d'une de ces taxes exceptionnelles qui frappent certains produits, je conviendrai volontiers qu'il est raisonnable d'y soumettre le produit étranger. Par exemple, il serait absurde d'affranchir de l'impôt le sel exotique; non qu'au point de vue économique la France y perdît rien, au contraire. Quoi qu'on en dise, les principes sont invariables; et la France y gagnerait, comme elle gagnera toujours à éviter un obstacle naturel ou artificiel. Mais ici l'obstacle a été mis dans un but fiscal. Il faut bien que ce but soit atteint; et si le sel étranger se vendait sur notre marché, franc de droit, le Trésor ne recouvrerait pas ses cent millions, et il devrait les demander à quelque autre branche de l'impôt. Il y aurait inconséquence évidente à créer un obstacle dans un but pour ne pas l'atteindre. Mieux eût valu s'adresser tout d'abord à cet autre impôt, et ne pas taxer le sel français. Voilà dans quelles circonstances j'admets sur le produit étranger un droit *non protecteur*, mais fiscal.

Mais prétendre qu'une nation, parce qu'elle est assujettie à des impôts plus lourds que ceux de la nation voisine, doit se protéger par ses tarifs contre la concurrence de sa rivale, c'est là qu'est le sophisme, et c'est là que j'entends l'attaquer.

J'ai dit plusieurs fois que je n'entends faire que de la théorie, et remonter, autant que j'en suis capable, aux sources des erreurs des protectionistes. Si je faisais de la polémique, je leur dirais: Pourquoi dirigez-vous les tarifs principalement contre l'Angleterre et la Belgique, les pays les plus chargés de taxes qui soient au monde? Ne suis-je pas autorisé à ne voir dans votre argument qu'un prétexte? — Mais je ne suis pas de ceux qui croient qu'on est prohibitioniste par intérêt et non par conviction. La doctrine de la protection est trop populaire pour n'être pas sincère. Si le grand nombre avait foi dans la liberté, nous serions libres. Sans doute c'est l'intérêt privé qui grève nos tarifs, mais c'est après avoir agi sur les convictions. « La volonté, dit Pascal, est un des principaux organes de la créance. » Mais la créance n'existe pas moins pour avoir sa racine dans la volonté et dans les secrètes inspirations de l'égoïsme.

Revenons au sophisme tiré de l'impôt.

L'État peut faire des impôts un bon ou un mauvais usage : il en fait un bon usage quand il rend au public des services équivalents à la valeur que le public lui livre. Il en fait mauvais usage quand il dissipe cette valeur sans rien donner en retour.

Dans le premier cas, dire que les taxes placent le pays qui les paye dans des conditions de production plus défavorables que celui qui en est affranchi, c'est un sophisme. — Nous payons vingt millions pour la justice et la police, c'est vrai ; mais nous avons la justice et la police, la sécurité qu'elles nous procurent, le temps qu'elles nous épargnent, et il est très-probable que la production n'est ni plus facile ni plus active parmi les peuples, s'il en est, où chacun se fait justice soi-même. — Nous payons plusieurs centaines de millions pour des routes, des ponts, des ports, des chemins de fer : j'en conviens. Mais nous avons ces chemins, ces ports, ces ponts, ces routes; et, à moins de prétendre que nous faisons une mauvaise affaire en les établissant, on ne peut pas dire qu'ils nous rendent inférieurs aux peuples qui ne supportent pas, il est vrai, de budget de travaux publics, mais qui n'ont pas non plus de travaux publics. — Et ceci explique pourquoi, tout en accusant l'impôt d'être une cause d'infériorité industrielle, nous dirigeons nos tarifs précisément contre les nations qui sont les plus imposées. C'est que les taxes, bien employées, loin de les détériorer, ont amélioré *les conditions de production* de ces peuples. Ainsi, nous arrivons toujours à cette conclusion, que les sophismes protectionistes ne s'écartent pas seulement du vrai, mais sont le contraire, l'antipode de la vérité. (Voir *Harmonies*, ch. XVII, *note de l'éd.*)

Quant aux impôts qui sont improductifs, supprimez-les si vous pouvez ; mais la plus étrange manière qu'on puisse imaginer d'en neutraliser les effets, c'est assurément d'ajouter aux taxes publiques des taxes individuelles. Grand merci de la compensation ! L'État nous a trop taxés, dites-vous. Eh ! raison de plus pour ne pas nous taxer encore les uns les autres ?

Un droit protecteur est une taxe dirigée contre le produit étranger, mais qui retombe, ne l'oublions jamais, sur le consommateur national. Or le consommateur, c'est le contribuable. Et n'est-ce

pas un plaisant langage à lui tenir que de lui dire :
«Parce que les impôts sont lourds, nous élèverons
pour toi le prix de toutes choses ; parce que l'État
prend une partie de ton revenu, nous en livrerons
une autre partie au monopole ? »

Mais pénétrons plus avant dans un sophisme si
accrédité parmi nos législateurs, quoiqu'il soit assez extraordinaire que ce soit précisément ceux qui
maintiennent les impôts improductifs (c'est notre
hypothèse actuelle) qui leur attribuent notre prétendue infériorité industrielle, pour la racheter
ensuite par d'autres impôts et d'autres entraves.

Il me semble évident que la protection aurait
pu, sans changer de nature et d'effets, prendre la
forme d'une taxe directe prélevée par l'État et distribuée en primes indemnitaires aux industries
privilégiées.

Admettons que le fer étranger puisse se vendre
sur notre marché à 8 francs et non plus bas, le fer
français à 12 francs et non au-dessous.

Dans cette hypothèse, il y a pour l'État deux
manières d'assurer le marché national au producteur.

La première, c'est de frapper le fer étranger
d'un droit de 5 francs. Il est clair qu'il sera exclu,
puisqu'il ne pourrait plus se vendre qu'à 13 francs,
savoir : 8 francs pour le prix de revient et 5 francs
pour la taxe, et qu'à ce prix il sera chassé du marché par le fer français, que nous avons supposé
être de 12 francs. Dans ce cas, l'acheteur, le con-

sommateur aura fait tous les frais de la protection.

L'État aurait pu encore imposer au public une taxe de 5 francs et la donner en prime au maître de forge. L'effet protecteur eût été le même. Le fer étranger eût été également exclu ; car notre maître de forge aurait vendu à 7 francs, ce qui, avec les 5 francs de prime, lui ferait son prix rémunérateur de 12 francs. Mais en présence du fer à 7 francs, l'étranger ne pourrait livrer le sien à 8.

Je ne puis voir entre ces deux systèmes qu'une seule différence : le principe est le même, l'effet est le même ; seulement dans un cas la protection est payée par quelques-uns, dans l'autre par tous.

J'avoue franchement ma prédilection pour le second système. Il me semble plus juste, plus économique et plus loyal : plus juste, parce que si la société veut faire des largesses à quelques-uns de ses membres. il faut que tous y contribuent ; plus économique, parce qu'il épargnerait beaucoup de frais de perception, et ferait disparaître beaucoup d'entraves ; plus loyal enfin, parce que le public verrait clair dans l'opération et saurait ce qu'on lui fait faire.

Mais si le système protecteur eût pris cette forme, ne serait-ce pas une chose assez risible que d'entendre dire : « Nous payons de lourdes taxes pour l'armée, la marine, la justice, les travaux publics, l'université, la dette, etc. ; cela passe un milliard. C'est pourquoi il serait bien bon que l'État nous prît encore un autre milliard pour soulager ces pauvres maîtres de forges, ces pauvres actionnaires d'Anzin, ces malheureux propriétaires de forêts, ces utiles pêcheurs de morue. »

Qu'on y regarde de près, et l'on s'assurera que c'est à cela que se réduit la portée du sophisme que je combats. Vous avez beau faire, messieurs, vous ne pouvez *donner de l'argent* aux uns qu'en le prenant aux autres. Si vous voulez absolument épuiser le contribuable, à la bonne heure ; mais au moins ne le raillez pas, et ne venez pas lui dire : « Je te prends encore pour compenser ce que je t'ai déjà pris. »

On ne finirait pas si l'on voulait relever tout ce qu'il y a de faux dans ce sophisme. Je me bornerai à trois considérations.

Vous vous prévalez de ce que la France est accablée de taxes, pour en induire qu'il faut protéger telle ou telle industrie. — Mais ces taxes, nous avons à les payer malgré la protection. Si donc une industrie se présente et dit : « Je participe au payement des taxes ; cela élève le prix de revient de mes produits, et je demande qu'un droit protecteur en élève aussi le prix vénal, » que demande-t-elle autre chose, si ce n'est de se décharger de la taxe sur le reste de la communauté ? Sa prétention est de recouvrer, par l'élévation du prix de ses produits, le montant de sa part de taxes. Or, le total des impôts devant toujours rentrer au Trésor, et la masse ayant à supporter cette élévation de prix, elle paye sa taxe et celle de cette industrie. — Mais, dites-vous, on protégera tout le monde. — D'abord cela est impossible ; et, cela fût-il possible, où serait le soulagement? Je payerai pour vous, vous payerez pour moi ; mais il ne faudra pas moins que la taxe se paye.

Ainsi, vous êtes dupes d'une illusion. Vous voulez payer des taxes pour avoir une armée, une marine, un culte, une université, des juges, des routes, etc., et ensuite vous voulez affranchir de sa part de taxes d'abord une industrie, puis une seconde, puis une troisième, toujours en en répartissant le fardeau sur la masse. Mais vous ne faites rien que créer des complications interminables, sans autre résultat que ces complications elles-mêmes. Prouvez-moi que l'élévation du prix due à la protection retombe sur l'étranger, et je pourrai voir dans votre argument quelque chose de spécieux. Mais s'il est vrai que le public français payait la taxe avant la loi et qu'après la loi il paye à la fois et la protection et la taxe, en vérité, je ne puis voir ce qu'il y gagne.

Mais je vais bien plus loin : je dis que, plus nos impôts sont lourds, plus nous devons nous empresser d'ouvrir nos ports et nos frontières à l'étranger moins grevé que nous. Et pourquoi? Pour lui repasser une plus grande partie de notre fardeau. N'est-ce point un axiome incontestable en économie politique, que les impôts, à la longue, retombent sur le consommatenr ? Plus donc nos échanges seront multipliés, plus les consommateurs étrangers nous rembourseront de taxes incorporées dans les produits que nous leur vendrons ; tandis que nous n'aurons à leur faire, à cet égard, qu'une moindre restitution, puisque, d'après notre hypothèse, leurs produits sont moins grevés que les nôtres.

Enfin, ces lourds impôts dont vous arguez pour justifier le régime prohibitif, vous êtes-vous jamais demandé si ce n'est pas ce régime qui les occasionne ? Je voudrais bien qu'on me dît à quoi serviraient les grandes armées permanentes et les puissantes marines militaires si le commerce était libre…. Mais ceci regarde les hommes politiques,

> Et ne confondons pas, pour trop approfondir,
> Leurs affaires avec les nôtres [1].

1 Voir le pamphlet *Paix et Liberté.*   (*Note de l'éditeur*).

VI. Balance du commerce.

Nos adversaires ont adopté une tactique qui ne laisse pas que de nous embarrasser. Établissons-nous notre doctrine? ils l'admettent le plus respectueusement possible. Attaquons-nous leur principe? ils l'abandonnent de la meilleure grâce du monde; ils ne demandent qu'une chose, c'est que notre doctrine, qu'ils tiennent pour vraie, soit reléguée dans les livres, et que leur principe, qu'ils reconnaissent vicieux, règne dans la pratique des affaires. Cédez-leur le maniement des tarifs, et ils ne vous disputeront pas le domaine de la théorie.

« Assurément, disait dernièrement M. Gauthier de Rumilly, personne de nous ne veut ressusciter les vieilles théories de la balance du commerce. » — Fort bien; mais, monsieur Gauthier, ce n'est pas tout que de donner en passant un soufflet à l'erreur : il faudrait encore ne pas raisonner, immédiatement après, et deux heures durant, comme si cette erreur était une vérité.

Parlez-moi de M. Lestiboudois. Voilà un raisonneur conséquent, un argumentateur logicien. Il n'y a rien dans ses conclusions qui ne soit dans ses prémisses : il ne demande rien à la pratique qu'il ne justifie par une théorie. Son principe peut être faux, c'est là la question. Mais enfin il a un principe. Il croit, il proclame tout haut que, si la France donne dix pour recevoir quinze, elle perd cinq, et il est tout simple qu'il fasse des lois en conséquence.

« Ce qu'il y a d'important, dit-il, c'est qu'incessamment le chiffre de l'importation va en augmentant et dépasse le chiffre de l'exportation, c'est-à-dire que tous les ans la France achète plus de produits étrangers et vend moins de produits nationaux. Les chiffres en font foi. Que voyons-nous ? en 1842, nous voyons l'importation dépasser de 200 millions l'exportation. Ces faits me semblent prouver, de la manière la plus nette, que le travail national *n'est pas suffisamment protégé*, que nous chargeons le travail étranger de notre approvisionnement, que la concurrence de nos rivaux *opprime* notre industrie. La loi actuelle me semble être une consécration de ce fait, qu'il n'est pas vrai, ainsi que l'ont déclaré les économistes, que, quand on achète, on vend nécessairement une portion correspondante de marchandises. Il est évident qu'on peut acheter, non avec ses produits habituels, non avec son revenu, non avec les fruits du travail permanent, mais avec son capital, avec les produits accumulés économisés, ceux qui servent à la reproduction, c'est-à-dire qu'on peut dépenser, dissiper les profits des économies antérieures, qu'on peut s'appauvrir, qu'on peut marcher à sa ruine, qu'on peut consommer entiè- rement le capital national. *C'est précisément ce que nous faisons. Tous les ans nous donnons 200 millions à l'étranger.* »

Eh bien, voilà un homme avec lequel on peut s'entendre. Il n'y a pas d'hypocrisie dans ce lan- gage. La balance du commerce y est avouée tout net. La France importe 200 millions de plus qu'elle n'exporte. Donc, la France perd 200 millions par an. — Et le remède ? C'est d'empêcher les impor- tations. La conclusion est irréprochable.

C'est donc à M. Lestiboudois que nous allons nous attaquer, car comment lutter avec M. Gauthier? Si vous lui dites : La balance du commerce est une erreur, il vous répondra : C'est ce que j'ai avancé dans mon exorde. Si vous lui criez : Mais la balance du commerce est une vérité, il vous dira : C'est ce que j'ai consigné dans mes conclusions.

L'école économiste me blâmera sans doute d'ar- gumenter avec M. Lestiboudois. Combattre la ba- lance du commerce, me dira-t-on, c'est combattre un moulin à vent.

Mais, prenez-y garde, la balance du commerce n'est ni si vieille, ni si malade, ni si morte que veut bien le dire M. Gauthier; car toute la Chambre, y compris M. Gauthier lui-même, s'est associée par ses votes à la théorie de M. Lestiboudois.

Cependant, pour ne pas fatiguer le lecteur, je n'approfondirai pas cette théorie. Je me contenterai de la soumettre à l'épreuve des faits.

On accuse sans cesse nos principes de n'être bons qu'en théorie. Mais, dites-moi, Messieurs, croyez-vous que les livres des négociants soient bons en pratique ? Il me semble que, s'il y a quelque chose au monde qui ait une autorité pratique, quand il s'agit de constater des pertes et des profits, c'est la comptabilité commerciale. Apparemment tous les négociants de la terre ne s'entendent pas depuis des siècles pour tenir leurs livres de telle façon qu'ils leur présentent les bénéfices comme des pertes, et les pertes comme des bénéfices. En vérité, j'aimerais mieux croire que M. Lestiboudois est un mauvais économiste.

Or, un négociant de mes amis, ayant fait deux opérations dont les résultats ont été fort différents, j'ai été curieux de comparer à ce sujet la comptabilité du comptoir à celle de la douane, interprétée par M. Lestiboudois avec la sanction de nos six cents législateurs.

M. T... expédia du Havre un bâtiment pour les États-Unis, chargé de marchandises françaises, et principalement de celles qu'on nomme *articles de Paris*, montant à 200,000 fr. Ce fut le chiffre déclaré en douane. Arrivées à la Nouvelle-Orléans, il se trouva que la cargaison avait fait 10 p. 0/0 de frais et acquitté 30 p. 0/0 de droits, ce qui la faisait ressortir à 280,000 fr. Elle fut vendue avec 20 p. 0/0 de bénéfice, soit 40,000 fr., et produisit au total 320,000 fr., que le consignataire convertit en coton. Ces cotons eurent encore à supporter, pour le transport, assurances, commission, etc., 10 p. 0/0 de frais : en sorte qu'au moment où elle entra au Havre, la nouvelle cargaison revenait à 352,000 fr., et ce fut le chiffre consigné dans les états de la douane. Enfin, M. T... réalisa encore, sur ce retour, 20 p. 0/0 de profit, soit 70,400 fr. ; en d'autres termes, les cotons se vendirent 422,400 fr.

Si M. Lestiboudois l'exige, je lui enverrai un extrait des livres de M. T... Il y verra figurer *au crédit* du compte de *profits et pertes*, c'est-à-dire comme bénéfices, deux articles, l'un de 40,000, l'autre de 70,000 fr., et M. T... est bien persuadé qu'à cet égard sa comptabilité ne le trompe pas.

Cependant, que disent à M. Lestiboudois les chiffres que la douane a recueillis sur cette opération ? Ils lui apprennent que la France a exporté 200,000 fr. et qu'elle a importé 352,000 fr. ; d'où l'honorable député conclut *«qu'elle a dépensé, dissipé les profits de ses économies antérieures, qu'elle s'est appauvrie, qu'elle a marché vers sa ruine, qu'elle a donné à l'étranger* 152,000 fr. *de son capital.*

Quelque temps après, M. T... expédia un autre navire également chargé de 200,000 fr. de produits de notre travail national. Mais le malheureux bâtiment sombra en sortant du port, et il ne resta autre chose à faire à M. T... que d'inscrire sur ses livres deux petits articles ainsi formulés.

Marchandises diverses doivent à X fr. 200,000 pour achats de différents objets expédiés par le navire **N.**

Profits et pertes doivent à marchandises diverses fr. 200,000 *pour perte définitive et totale* de la cargaison.

Pendant ce temps-là, la douane inscrivait de son côté fr. 200,000 sur son tableau d'*exportations*; et comme elle n'aura jamais rien à faire figurer en regard sur le tableau des *importations,* il s'ensuit que M. Lestiboudois et la Chambre verront dans ce naufrage *un profit clair et net* de 200,000 fr. pour la France.

Il y a encore cette conséquence à tirer de là, c'est que, selon la théorie de la balance du commerce, la France a un moyen tout simple de doubler à chaque instant ses capitaux. Il suffit pour cela qu'après les avoir fait passer par la douane, elle les jette à la mer. En ce cas, les exportations seront égales au montant de ses capitaux; les importations seront nulles et même impossibles, et nous gagnerons tout ce que l'Océan aura englouti.

C'est une plaisanterie, diront les protectionistes. Il est impossible que nous disions de pareilles absurdités. — Vous les dites pourtant, et, qui plus est, vous les réalisez, vous les imposez pratiquement à vos concitoyens, autant du moins que cela dépend de vous.

La vérité est qu'il faudrait prendre la balance du commerce *au rebours*, et calculer le profit national, dans le commerce extérieur, par l'excédant des importations sur les exportations. Cet excédant, les frais déduits, forme le bénéfice réel. Mais cette théorie, qui est la vraie, mène directement à la liberté des échanges.—Cette théorie, messieurs, je vous la livre comme toutes celles qui ont fait le sujet des précédents chapitres. Exagérez-la tant que vous voudrez, elle n'a rien à redouter de cette épreuve. Supposez, si cela vous amuse, que l'étranger nous inonde de toutes sortes de marchandises utiles, sans nous rien demander; que nos importations sont *infinies* et nos exportations *nulles*, je vous défie de me prouver que nous en serons plus pauvres [1].

1 En mars 1850, l'auteur fut encore obligé de combattre le même sophisme, qu'il entendit produire à la tribune nationale, lors de la discussion du budget général des dépenses. Voir la dernière partie du pamphlet *Spoliation et loi*.

(Note de l'éditeur).

DES FABRICANTS DE CHANDELLES, BOUGIES, LAMPES, CHANDELIERS, RÉVERBÈRES, MOUCHETTES, ÉTEIGNOIRS, ET DES PRODUCTEURS DE SUIF, HUILE, RÉSINE, ALCOOL, ET GÉNÉRALEMENT DE TOUT CE QUI CONCERNE L'ÉCLAIRAGE.

A MM. les membres de la Chambre des Députés.

« MESSIEURS,

« Vous êtes dans la bonne voie. Vous repoussez les théories abstraites ; l'abondance, le bon marché vous touchent peu. Vous vous préoccupez surtout du sort du producteur. Vous le voulez affranchir de la concurrence extérieure, en un mot, vous voulez réserver le *marché national* au *travail national*.

« Nous venons vous offrir une admirable occasion d'appliquer votre... comment dirons-nous ? votre théorie ? non, rien n'est plus trompeur que la théorie ; votre doctrine ? votre système ? votre principe ? mais vous n'aimez pas les doctrines, vous avez horreur des systèmes, et, quant aux principes, vous déclarez qu'il n'y en a pas en économie sociale ; nous dirons donc votre pratique, votre pratique sans théorie et sans principe.

« Nous subissons l'intolérable concurrence d'un rival étranger placé, à ce qu'il paraît, dans des conditions tellement supérieures aux nôtres, pour la production de la lumière, qu'il en *inonde* notre *marché national* à un prix fabuleusement réduit; car, aussitôt qu'il se montre, notre vente cesse, tous les consommateurs s'adressent à lui, et une branche d'industrie française, dont les ramifications sont innombrables, est tout à coup frappée de la stagnation la plus complète. Ce rival, qui n'est autre que le soleil, nous fait une guerre si acharnée, que nous soupçonnons qu'il nous est suscité par la perfide Albion (bonnè diplomatie par le temps qui court !), d'autant qu'il a pour cette île orgueilleuse des ménagements dont il se dispense envers nous.

« Nous demandons qu'il vous plaise faire une loi qui ordonne la fermeture de toutes fenêtres, lucarnes, abat-jour, contre-vents, volets, rideaux, vasistas, œils-de-bœuf, stores, en un mot, de toutes ouvertures, trous, fentes et fissures par lesquelles la lumière du soleil a coutume de pénétrer dans les maisons, au préjudice des belles industries dont nous nous flattons d'avoir doté le pays, qui ne saurait sans ingratitude nous abandonner aujourd'hui à une lutte si inégale.

« Veuillez, Messieurs les députés, ne pas prendre notre demande pour une satire, et ne la repoussez pas du moins sans écouter les raisons que nous avons à faire valoir à l'appui.

« Et d'abord, si vous fermez, autant que possible, tout accès à la lumière naturelle, si vous créez ainsi le besoin de lumière artificielle, quelle est en France l'industrie qui, de proche en proche, ne sera pas encouragée?

« S'il se consomme plus de suif, il faudra plus de bœufs et de moutons, et, par suite, on verra se multiplier les prairies artificielles, la viande, la laine, le cuir, et surtout les engrais, cette base de toute richesse agricole.

« S'il se consomme plus d'huile, on verra s'étendre la culture du pavot, de l'olivier, du colza. Ces plantes riches et épuisantes viendront à propos mettre à profit cette fertilité que l'élève des bestiaux aura communiquée à notre territoire.

« Nos landes se couvriront d'arbres résineux. De nombreux essaims d'abeilles recueilleront sur nos montagnes des trésors parfumés qui s'évaporent aujourd'hui sans utilité, comme les fleurs d'où ils émanent. Il n'est donc pas une branche d'agriculture qui ne prenne un grand développement.

« Il en est de même de la navigation : des milliers de vaisseaux iront à la pêche de la baleine, et dans peu de temps nous aurons une marine capable de soutenir l'honneur de la France et de répondre à la patriotique susceptibilité des pé-

titionnaires soussignés, marchands de chandelles, etc.

« Mais que dirons-nous de l'*article Paris?* Voyez
d'ici les dorures, les bronzes, les cristaux en chandeliers, en lampes, en lustres, en candélabres,
briller dans de spacieux magasins auprès desquels
ceux d'aujourd'hui ne sont que des boutiques.

« Il n'est pas jusqu'au pauvre résinier, au som-
met de sa dune, ou au triste mineur au fond de sa
noire galerie, qui ne voie augmenter son salaire
et son bien-être.

« Veuillez y réfléchir, Messieurs; et vous resterez
convaincus qu'il n'est peut-être pas un Français,
depuis l'opulent actionnaire d'Anzin jusqu'au plus
humble débitant d'allumettes, dont le succès de
notre demande n'améliore la condition.

« Nous prévoyons vos objections, Messieurs ;
mais vous ne nous en opposerez pas une seule que
vous n'alliez la ramasser dans les livres usés des
partisans de la liberté commerciale. Nous osons
vous mettre au défi de prononcer un mot contre
nous qui ne se retourne à l'instant contre vous-
mêmes et contre le principe qui dirige toute votre
politique.

« Nous direz-vous que, si nous gagnons à cette
protection, la France n'y gagnera point, parce
que le consommateur en fera les frais?

« Nous vous répondrons :

« Vous n'avez plus le droit d'invoquer les intérêts
du consommateur. Quand il s'est trouvé aux prises

avec le producteur, en toutes circonstances vous l'avez sacrifié. — Vous l'avez fait pour *encourager le travail*, pour *accroître le domaine du travail.* Par le même motif, vous devez le faire encore.

«Vous avez été vous-mêmes au-devant de l'objection. Lorsqu'on vous disait: Le consommateur est intéressé à la libre introduction du fer, de la houille, du sésame, du froment, des tissus.—Oui, disiez-vous, mais le producteur est intéressé à leur exclusion. — Eh bien, si les consommateurs sont intéressés à l'admission de la lumière naturelle, les producteurs le sont à son interdiction.

« Mais, disiez-vous encore, le producteur et le consommateur ne font qu'un. Si le fabricant gagne par la protection, il fera gagner l'agriculteur. Si l'agriculture prospère, elle ouvrira des débouchés aux fabriques. — Eh bien! si vous nous conférez le monopole de l'éclairage pendant le jour, d'abord nous achèterons beaucoup de suifs, de charbons, d'huiles, de résines, de cire, d'alcool, d'argent, de fer, de bronzes, de cristaux, pour alimenter notre industrie, et, de plus, nous et nos nombreux fournisseurs, devenus riches, nous consommerons beaucoup et répandrons l'aisance dans toutes les branches du travail national.

« Direz-vous que la lumière du soleil est un don gratuit, et que repousser des dons gratuits ce serait repousser la richesse même sous prétexte d'encourager les moyens de l'acquérir ?

« Mais prenez garde que vous portez la mort dans le cœur de votre politique ; prenez garde que jusqu'ici vous avez toujours repoussé le produit étranger *parce qu'il* se rapproche du don gratuit, et *d'autant plus* qu'il se rapproche du don gratuit. Pour obtempérer aux exigences des autres monopoleurs, vous n'aviez qu'un *demi-motif* ; pour accueillir notre demande, vous avez un *motif complet*, et nous repousser précisément en vous *fondant* sur ce que nous sommes plus *fondés* que les autres, ce serait poser l'équation : $+ \times + = -$; en d'autres termes, ce serait entasser *absurdité* sur *absurdité*.

« Le travail et la nature concourent en proportions diverses, selon les pays et les climats, à la création d'un produit. La part qu'y met la nature est toujours gratuite ; c'est la part du travail qui en fait la valeur et se paye. .

« Si une orange de Lisbonne se vend à moitié prix d'une orange de Paris, c'est qu'une chaleur naturelle et par conséquent gratuite fait pour l'une ce que l'autre doit à une chaleur artificielle et partant coûteuse.

« Donc, quand une orange nous arrive de Portugal, on peut dire qu'elle nous est donnée moitié gratuitement, moitié à titre onéreux, ou, en d'autres termes, à *moitié prix* relativement à celles de Paris.

« Or, c'est précisément de cette *demi-gratuité*

(pardon du mot) que vous arguez pour l'exclure. Vous dites : Comment le travail national pourrait-il soutenir la concurrence du travail étranger quand celui-là a tout à faire, et que celui-ci n'a à accomplir que la moitié de la besogne, le soleil se chargeant du reste ? — Mais si la *demi-gratuité* vous détermine à repousser la concurrence, comment la *gratuité* entière vous porterait-elle à admettre la concurrence ? Ou vous n'êtes pas logiciens, ou vous devez, repoussant la demi-gratuité comme nuisible à notre travail national, repousser *a fortiori* et avec deux fois plus de zèle la gratuité entière.

« Encore une fois, quand un produit, houille, fer, froment ou tissu, nous vient du dehors et que nous pouvons l'acquérir avec moins de travail que si nous le faisions nous-mêmes, la différence est un *don gratuit* qui nous est conféré. Ce don est plus ou moins considérable, selon que la différence est plus ou moins grande. Il est du quart, de moitié, des trois quarts de la valeur du produit, si l'étranger ne nous demande que les trois quarts, la moitié, le quart du payement. Il est aussi complet qu'il puisse l'être, quand le donateur, comme fait le soleil pour la lumière, ne nous demande rien. La question, et nous la posons formellement, est de savoir si vous voulez pour la France le bénéfice de la consommation gratuite ou les prétendus avantages de la production onéreuse. Choisissez, mais soyez logiques ; car, tant que vous repousse-

rez, comme vous le faites, la houille, le fer, le froment, les tissus étrangers, *en proportion* de ce que
leur prix se rapproche de *zéro*, quelle inconséquence ne serait-ce pas d'admettre la lumière du
soleil, dont le prix est à *zéro*, pendant toute la
journée ? »

VIII. Droits différentiels.

Un pauvre cultivateur de la Gironde avait élevé avec amour un plant de vigne. Après bien des fatigues et des travaux, il eut enfin le bonheur de recueillir une pièce de vin, et il oublia que chaque goutte de ce précieux nectar avait coûté à son front une goutte de sueur. — Je le vendrai, dit-il à sa femme, et avec le prix j'achèterai du fil dont tu feras le trousseau de notre fille. — L'honnête campagnard se rend à la ville, il rencontre un Belge et un Anglais. Le Belge lui dit : Donnez-moi votre pièce de vin, et je vous donnerai en échange quinze paquets de fil. L'Anglais dit : Donnez-moi votre vin, et je vous donnerai vingt paquets de fil; car, nous autres Anglais, nous filons à meilleur marché que les Belges. Mais un douanier qui se trouvait là dit : Brave homme, échangez avec le Belge, si vous le trouvez bon, mais je suis chargé de vous empêcher d'échanger avec l'Anglais. Quoi! dit le campagnard, vous voulez que je me contente de quinze paquets de fil venus de Bruxelles, quand je puis en avoir vingt venus de Manchester? — Certainement; ne voyez-vous pas que la France perdrait si vous receviez vingt paquets, au lieu de quinze? — J'ai peine à le comprendre, dit. le vigneron. — Et moi à l'expliquer, repartit le douanier; mais la chose est sûre: car tous les députés, ministres et gazetiers sont d'accord sur ce point, que plus un peuple reçoit en échange d'une quantité donnée de ses produits, plus il s'appauvrit. Il fallut conclure avec le Belge. La fille du campagnard n'eut que les trois quarts de son trousseau, et ces braves gens en sont encore à se demander comment il se fait qu'on se ruine en recevant quatre au lieu de trois, et pourquoi on est plus riche avec trois douzaines de serviettes qu'avec quatre douzaines.

IX. Immense découverte !!!

Au moment où tous les esprits sont occupés à chercher des économies sur les moyens de transport ;

Au moment où, pour réaliser ces économies, on nivelle les routes, on canalise les rivières, on perfectionne les bateaux à vapeur, on relie à Paris toutes nos frontières par une étoile de fer, par des systèmes de traction atmosphériques, hydrauliques, pneumatiques, électriques, etc.;

Au moment enfin où je dois croire que chacun cherche avec ardeur et sincérité la solution de ce problème :

« Faire que le prix des choses, au lieu de consommation se rapproche autant que possible du prix qu'elles ont aux lieux de production, »

Je me croirais coupable envers mon pays, envers mon siècle et envers moi-même, si je tenais plus longtemps secrète la découverte merveilleuse que je viens de faire.

Car les illusions de l'inventeur ont beau être

proverbiales, j'ai la certitude la plus complète d'avoir trouvé un moyen infaillible pour que les produits du monde entier arrivent en France, et réciproquement, avec une réduction de prix conderable.

Infaillible ! et ce n'est encore qu'un des avantages de mon étonnante invention.

Elle n'exige ni plans, ni devis, ni études préparatoires, ni ingénieurs, ni machinistes, ni entrepreneurs, ni capitaux, ni actionnaires, ni secours du gouvernement !

Elle ne présente aucun danger de naufrages, d'explosions, de chocs, d'incendie, de déraillement !

Elle peut être mise en pratique du jour au lendemain !

Enfin, et ceci la recommandera sans doute au public, elle ne grèvera pas d'un centime le budget; au contraire. — Elle n'augmentera pas le cadre des fonctionnaires et les exigences de la bureaucratie ; au contraire. — Elle ne coûtera à personne sa liberté ; au contraire.

Ce n'est pas le hasard qui m'a mis en possession de ma découverte, c'est l'observation. Je dois dire ici comment j'y ai été conduit.

J'avais donc cette question à résoudre :

« Pourquoi une chose faite à Bruxelles, par exemple, coûte-t-elle plus cher quand elle est arrivée à Paris ? »

Or, je n'ai pas tardé à m'apercevoir que cela

provient de ce qu'il existe entre Paris et Bruxelles des *obstacles* de plusieurs sortes. C'est, d'abord, la *distance*; on ne peut la franchir sans peine, sans perte de temps; et il faut bien s'y soumettre soi-même ou payer pour qu'un autre s'y soumette. Viennent ensuite des rivières, des marais, des accidents de terrain, de la boue : ce sont autant de *difficultés* à surmonter. On y parvient en construisant des chaussées, en bâtissant des ponts, en perçant des routes, en diminuant leur résistance par des pavés, des bandes de fer, etc. Mais tout cela coûte, et il faut que l'objet transporté supporte sa part des frais. Il y a encore des voleurs sur les routes, ce qui exige une gendarmerie, une police, etc.

Or, parmi ces *obstacles*, il en est un que nous avons jeté nous-mêmes, et à grands frais, entre Bruxelles et Paris. Ce sont des hommes embusqués le long de la frontière, armés jusqu'aux dents et chargés d'opposer des *difficultés* au transport des marchandises d'un pays à l'autre. On les appelle *douaniers*. Ils agissent exactement dans le même sens que la boue et les ornières. Ils retardent, ils entravent, ils contribuent à cette différence que nous avons remarquée entre le prix de production et le prix de consommation, différence que notre problème est de réduire le plus possible.

Et voilà le problème résolu. Diminuez le tarif.

— Vous aurez fait le chemin de fer du Nord sans qu'il vous en ait rien coûté. Loin de là, vous épargnerez de gros traitements, et vous commencerez dès le premier jour par mettre un capital dans votre poche.

Vraiment, je me demande comment il a pu entrer assez de bizarrerie dans nos cervelles pour nous déterminer à payer beaucoup de millions dans l'objet de détruire les *obstacles naturels* qui s'interposent entre la France et l'étranger, et en même temps à payer beaucoup d'autres millions pour y substituer des *obstacles artificiels* qui ont exactements les mêmes effets, en sorte que, l'obstacle créé et l'obstacle détruit se neutralisant, les choses vont comme devant, et le résidu de l'opération est une double dépense.

Un produit belge vaut à Bruxelles 20 fr., et, rendu à Paris, 30 fr., à cause des frais de transport. Le produit similaire d'industrie parisienne vaut 40 fr. Que faisons-nous ?

D'abord nous mettons un droit d'au moins 10 fr. sur le produit belge, afin d'élever son prix de revient à Paris à 40 fr., et nous payons de nombreux surveillants pour qu'il n'échappe pas à ce droit, en sorte que dans le trajet il est chargé de 10 fr. pour le transport et 10 fr. pour la taxe.

Cela fait, nous raisonnons ainsi : Ce transport de Bruxelles à Paris, qui coûte 10 fr., est bien cher. Dépensons deux ou trois cents millions en railways, et nous le réduirons de moitié. — Évidemment, tout ce que nous aurons obtenu, c'est que le produit belge se vendra à Paris à 35 fr., savoir :

20 fr. son prix de Bruxelles.
10 — droit.
5 — port réduit par le chemin de fer.

35 fr. total, ou prix de revient à Paris.

Eh ! n'aurions-nous pas atteint le même résultat en abaissant le tarif à 5 fr. ? Nous aurions alors :
20 fr. prix de Bruxelles.
5 — droit réduit.
10 — port par les routes ordinaires.

35 fr. total, ou prix de revient à Paris.

Et ce procédé nous eût épargné 200 millions que coûte le chemin de fer, plus les frais de surveillance douanière, car ils doivent diminuer à mesure que diminue l'encouragement à la contrebande.

Mais, dit-on, le droit est nécessaire pour protéger l'industrie parisienne. — Soit ; mais alors n'en détruisez pas l'effet par votre chemin de fer.

Car, si vous persistez à vouloir que le produit belge revienne, comme celui de Paris, à 40 fr., il vous faudra porter le droit à 15 fr. pour avoir :
20 fr. prix de Bruxelles.
15 — droit protecteur.
5 — port par le chemin de fer.

40 fr. total à prix égalisés.

Alors je demande quelle est, sous ce rapport, l'utilité du chemin de fer ?

IVᵉ ÉDIT.

Franchement, n'y a-t-il pas quelque chose d'humiliant pour le xixᵉ siècle d'apprêter aux âges futurs le spectacle de pareilles puérilités pratiquées avec un sérieux imperturbable? Être dupe d'autrui n'est pas déjà très-plaisant; mais employer le vaste appareil représentatif à se duper soi-même, à se duper doublement, et, dans une affaire de numération, voilà qui est bien propre à rabattre un peu l'orgueil du *siècle des lumières*.

X. Réciprocité.

Nous venons de voir que tout ce qui, dans le trajet, rend le transport onéreux, agit dans le sens de la protection, ou, si on l'aime mieux, que la protection agit dans le sens de tout ce qui rend le transport onéreux.

Il est donc vrai de dire qu'un tarif est un marais, une ornière, une lacune, une pente roide, en un mot un *obstacle* dont l'effet se résout à augmenter la différence du prix de consommation au prix de production. Il est de même incontestable qu'un marais, une fondrière, sont de véritables tarifs protecteurs.

Il y a des gens (en petit nombre, il est vrai, mais il y en a) qui commencent à comprendre que les obstacles, pour être artificiels, n'en sont pas moins des obstacles, et que notre bien-être a plus à gagner à la liberté qu'à la protection, précisément par la même raison qui fait qu'un canal lui est plus favorable qu'un « chemin sablonneux, montant et malaisé. »

Mais, disent-ils, il faut que cette liberté soit réciproque. Si nous abaissions nos barrières devant l'Espagne, sans que l'Espagne les abaissât devant nous, évidemment nous serions dupes. Faisons donc des *traités de commerce* sur la base d'une juste réciprocité, concédons pour qu'on nous concède, faisons le *sacrifice* d'acheter pour obtenir l'avantage de vendre.

Les personnes qui raisonnent ainsi, je suis fâché de le leur dire, sont, qu'elles le sachent ou non, dans le principe de la protection ; seulement elles sont un peu plus inconséquentes que les protectionistes purs, comme ceux-ci sont plus inconséquents que les prohibitionistes absolus.

Je le démontrerai par l'apologue suivant.

Stulta et Puera.

Il y avait, n'importe où, deux villes, *Stulta* et *Puera*. Elles construisirent à gros frais une route qui les rattachait l'une à l'autre. Quand cela fut fait, *Stulta* se dit : Voici que *Puera* m'inonde de ses produits, il faut y aviser. En conséquence, elle créa et paya un corps d'*Enrayeurs*, ainsi nommés parce que leur mission était de mettre des obstacles aux convois qui arrivaient de *Puera*. Bientôt après, *Puera* eut aussi un corps d'*Enrayeurs*.

Au bout de quelques siècles, les lumières ayant fait de grands progrès, la capacité de *Puera* se haussa jusqu'à lui faire découvrir que ces obstacles réciproques pourraient bien n'être que réciproquement nuisibles. Elle envoya un diplomate à *Stulta*, lequel, sauf la phraséologie officielle, parla en ce sens : « Nous avons créé une route, et maintenant nous embarrassons cette route. Cela est absurde. Mieux eût valu laisser les choses dans leur premier état. Nous n'aurions pas eu à payer la route d'abord et puis les embarras. Au nom de *Puera*, je viens vous proposer, non point de renoncer tout à coup à nous opposer des obstacles mutuels, ce serait agir selon un principe, et nous méprisons autant que vous les principes, mais d'atténuer quelque peu ces obstacles, en ayant soin de pondérer équitablement à cet égard nos *sacrifices* respectifs. » — Ainsi parla le diplomate. *Stulta* demanda du temps pour réfléchir. Elle consulta tour à tour ses fabricants, ses agriculteurs. Enfin, au bout de quelques années, elle déclara que les négociations étaient rompues.

A cette nouvelle, les habitants de *Puera* tinrent conseil. Un vieillard (on a toujours soupçonné qu'il avait été secrètement acheté par Stulta) se leva et dit : « Les obstacles créés par Stulta nuisent à nos ventes, c'est un malheur. Ceux que nous avons créés nous-mêmes nuisent à nos achats, c'est un autre malheur. Nous ne pouvons rien sur le premier, mais le second dépend de nous. Délivrons-nous au moins de l'un, puisque nous ne pouvons nous défaire des deux. Supprimons nos *Enrayeurs* sans exiger que *Stulta* en fasse autant. Un jour sans doute elle apprendra à mieux faire ses comptes.

Un second conseiller, homme de pratique et de faits, exempt de principes et nourri de la vieille expérience des ancêtres, répliqua : « N'écoutons pas ce rêveur, ce théoricien, ce novateur, cet utopiste, cet économiste, ce *stultomane*. Nous serions tous perdus si les embarras de la route n'étaient pas bien égalisés, équilibrés et pondérés entre *Stulta* et *Puera*. Il y aurait plus de difficulté pour *aller* que pour *venir*, et pour *exporter* que pour *importer*. Nous serions, relativement à *Stulta*, dans les conditions d'infériorité où se trouvent le Havre, Nantes, Bordeaux, Lisbonne, Londres, Hambourg, la Nouvelle-Orléans, par rapport aux villes placées aux sources de la Seine, de la Loire, de la Garonne, du Tage, de la Tamise, de l'Elbe et du Mississipi; car il y a plus de difficultés à remonter les fleuves qu'à les descendre. — (Une voix : Les villes des embouchures ont prospéré plus que celles des sources.) — Ce n'est pas possible. — (La même voix : Mais cela est.) — Eh bien, elles ont prospéré *contre les règles*. » Un raisonnement si concluant ébranla l'assemblée. L'orateur acheva de la convaincre en parlant d'indépendance nationale, d'honneur national, de dignité nationale, de travail national, d'inondation de produits, de tributs, de concurrence meurtrière; bref, il emporta le maintien des obstacles; et, si vous en êtes curieux, je puis vous conduire en certain pays où vous verrez de vos yeux des cantonniers et des enrayeurs travaillant de la meilleure intelligence du monde, par décret de la même assemblée législative et aux frais des mêmes contribuables, les uns à déblayer la route et les autres à l'embarrasser.

XI. Prix absolus.

Voulez-vous juger entre la liberté et la protection ? voulez-vous apprécier la portée d'un phénomène économique ? Recherchez ses effets *sur l'a-
bondance ou la rareté des choses, et non sur la
hausse ou la baisse des prix.* Méfiez-vous des *Prix
absolus* : ils vous mèneraient dans un labyrinthe
inextricable.

M. Matthieu de Dombasle, après avoir établi que
la protection renchérit les choses, ajoute :

« L'excédant du prix augmente les dépenses de
« la vie, et *par conséquent* le prix du travail, et
« chacun retrouve dans l'excédant du prix de ses
« produits l'excédant du prix de ses dépenses.
« Ainsi, si tout le monde paye comme consom-
« mateur, tout le monde aussi reçoit comme pro-
« ducteur. »

Il est clair qu'on pourrait retourner l'argument
et dire :

« Si tout le monde reçoit comme producteur,
tout le monde paye comme consommateur. »

Or, qu'est-ce que cela prouve ? Rien autre chose si ce n'est que la protection *déplace* inutilement et injustement la richesse. Autant en fait la spoliation.

Encore, pour admettre que ce vaste appareil aboutît à de simples compensations, faut-il adhérer au *par conséquent* de M. de Dombasle, et s'être assuré que le prix du travail s'élève avec le prix des produits protégés. C'est une question de fait que je renvoie à M. Moreau de Jonnès ; qu'il veuille bien rechercher si le taux des salaires a progressé comme les actions des mines d'Anzin. Quant à moi, je ne le pense pas, parce que je crois que le prix du travail, comme tous les autres, est gouverné par le rapport de l'offre à la demande. Or, je conçois bien que la *restriction* diminue l'offre de la houille, et par suite en élève le prix ; mais je n'aperçois pas aussi clairement qu'elle augmente la demande du travail de manière à améliorer le taux des salaires. Je le conçois d'autant moins que la quantité de travail demandé dépend du capital disponible. Or, la protection peut bien déplacer les capitaux, les pousser d'une industrie vers une autre, mais non les accroître d'une obole.

Au surplus, cette question du plus haut intérêt sera examinée ailleurs. Je reviens aux *prix absolus*, et je dis qu'il n'est pas d'absurdités qu'on ne puisse rendre spécieuses par des raisonnements tels que celui de M. de Dombasle.

Imaginez qu'une nation isolée, possédant une

quantité donnée de numéraire, s'amuse à brûler, chaque année, la moitié de tout ce qu'elle produit. Je me charge de prouver, avec la théorie de M. de Dombasle, qu'elle n'en sera pas moins riche.

En effet, par suite de l'incendie, toutes choses doubleront de prix, et les inventaires faits avant et, après le désastre offriront exactement la même valeur *nominale*. Mais alors, qui aura perdu? Si Jean achète le drap plus cher, il vend aussi plus cher son blé; et si Pierre perd sur l'achat du blé, il se récupère sur la vente de son drap. « Chacun « retrouve dans l'excédant du prix de ses produits « (dirai-je) l'excédant du montant de ses dépen- « ses; et si tout le monde paye comme consomma- « teur, tout le monde aussi reçoit comme produc- « teur. »

Tout cela, c'est de l'amphigouri et non de la science. La vérité, réduite à sa plus simple expression, la voici : que les hommes détruisent le drap et le blé par l'incendie ou par l'usage, l'effet est le même *quant aux prix*, mais non *quant à la richesse*, car c'est précisément dans l'usage des choses que consiste la richesse ou le bien-être.

De même, la restriction, tout en diminuant l'abondance des choses, peut en hausser le prix de manière à ce que chacun soit, si vous voulez, *numérairement parlant*, aussi riche. Mais faire figurer dans un inventaire trois hectolitres de blé à 20 francs ou quatre hectolitres à 15 francs, parce que le résultat est toujours 60 francs, cela revient-il au même, au point de vue de la satisfaction des besoins?

Et c'est à ce point de vue de la consommation que je ne cesserai de ramener les protectionistes, car c'est là qu'est la fin de tous les efforts et la solution de tous les problèmes. Je leur dirai toujours : N'est-il pas vrai que la restriction, en prévenant les échanges, en bornant la division du travail, en le forçant à s'attaquer à des difficultés de situation et de température, diminue en définitive la quantité produite par une somme d'efforts déterminés? Et qu'importe que la moindre quantité produite sous le régime de la protection ait la même *valeur nominale* que la plus grande quantité produite sous le régime de la liberté? L'homme ne vit pas de *valeurs nominales*, mais de produits réels, et plus il a de ces produits, n'importe le prix, plus il est riche.

Je ne m'attendais pas, en écrivant ce qui précède, à rencontrer jamais un antiéconomiste assez bon logicien pour admettre explicitement que la richesse des peuples dépend de la valeur des choses, abstraction faite de leur abondance. Voici ce que je trouve dans le livre de M. de Saint-Chamans (pag. 210) :

« Si 15 millions de marchandises vendues aux
« étrangers sont pris sur le produit ordinaire,
« estimé 50 millions, les 35 millions restans de
« marchandises, ne pouvant plus suffire aux de-
« mandes ordinaires, augmenteront de prix, et

« s'élèveront à la valeur de 50 millions. Alors, le
« revenu du pays représentera 15 millions de va-
« leur de plus... Il y aura donc accroissement de
« richesses de 15 millions pour le pays, précisé-
« ment le montant de l'importation du numé-
« raire. »

Voilà qui est plaisant! Si une nation a fait
dans l'année pour cinquante millions de récoltes
et marchandises, il lui suffit d'en vendre le quart
à l'étranger pour être d'un quart plus riche!
Donc, si elle en vendait la moitié, elle augmente-
rait de moitié sa fortune; et si elle échangeait
contre des écus son dernier brin de laine et son
dernier grain de froment, elle porterait son revenu
à cent millions! Singulière manière de s'enrichir
que de produire l'infinie cherté par la rareté absolue!

Au reste, voulez-vous juger des deux doctrines?
soumettez-les à l'épreuve de l'exagération.

Selon celle de M. de Saint-Chamans, les Français
seraient tout aussi riches, c'est-à-dire aussi bien
pourvus de toutes choses avec la millième partie
de leurs produits annuels, parce qu'ils vaudraient
mille fois davantage.

Selon la nôtre, les Français seraient infiniment
riches si leurs produits annuels étaient d'une
abondance infinie, et par conséquent sans valeur
aucune.

XII. La protection élève-t-elle le taux des salaires ?

Un athée déblatérait contre la religion, contre les prêtres, contre Dieu. « Si vous continuez, lui dit un des assistants, peu orthodoxe lui-même, vous allez me convertir. »

Ainsi, quand on entend nos imberbes écrivailleurs, romanciers, réformateurs, feuilletonistes ambrés, musqués, gorgés de glaces et de champagne, serrant dans leur portefeuille les Ganneron, les Nord et les Mackenzie, ou faisant couvrir d'or leurs tirades contre l'égoïsme, l'individualisme du siècle ; quand on les entend, dis-je, déclamer contre la dureté de nos institutions, gémir sur le salariat et le prolétariat ; quand on les voit lever au ciel des yeux attendris à l'aspect de la misère des classes laborieuses, misère qu'ils ne visitèrent jamais que pour en faire de lucratives peintures, on est tenté de leur dire : Si vous continuez ainsi, vous allez me rendre indifférent au sort des ouvriers.

Oh ! l'affectation ! l'affectation ! voilà la nauséabonde maladie de l'époque! Ouvriers, un homme grave, un philanthrope sincère a-t-il exposé le tableau de votre détresse, son livre a-t-il fait impression, aussitôt la tourbe des réformateurs jette son grappin sur cette proie. On la tourne, on la retourne, on l'exploite, on l'exagère, on la presse jusqu'au dégoût, jusqu'au ridicule. On vous jette pour tout remède les grands mots : organisation, association ; on vous flatte, on vous flagorne, et bientôt il en sera des ouvriers comme des esclaves: les hommes sérieux auront honte d'embrasser publiquement leur cause, car comment introduire quelques idées sensées au milieu de ces fades déclamations ?

Mais loin de nous cette lâche indifférence que ne justifierait pas l'affectation qui la provoque!

Ouvriers, votre situation est singulière! on vous dépouille, comme je le prouverai tout à l'heure... Mais non, je retire ce mot ; bannissons de notre langage toute expression violente et fausse peut-être, en ce sens que la spoliation, enveloppée dans les sophismes qui la voilent, s'exerce, il faut le croire, contre le gré du spoliateur et avec l'assentiment du spolié. Mais enfin, on vous ravit la juste rémunération de votre travail, et nul ne s'occupe de vous faire rendre *justice*. Oh! s'il ne fallait pour vous consoler que de bruyants appels à la philanthropie, à l'impuissante charité, à la dégradante aumône, s'il suffisait des grands mots *organisation, communisme, phalanstère*, on ne vous les épargne pas. Mais *justice*, tout simplement *justice*, personne ne songe à vous la rendre. Et cependant ne serait-il pas *juste* que, lorsque après une longue journée de labeur vous avez touché votre modique salaire, vous le puissiez échanger contre la plus grande somme de satisfactions que vous puissiez obtenir volontairement d'un homme quelconque sur la surface de la terre ?

Un jour, peut-être, je vous parlerai aussi d'association, d'organisation, et nous verrons alors ce que vous avez à attendre de ces chimères par lesquelles vous vous laissez égarer sur une fausse quête.

En attendant, recherchons si l'on ne vous fait pas *injustice* en vous assignant législativement les personnes à qui il vous est permis d'acheter les choses qui vous sont nécessaires : le pain, la viande, la toile, le drap ; et, pour ainsi dire, le prix artificiel que vous devez y mettre.

Est-il vrai que la protection, qui, on l'avoue, vous fait payer cher toutes choses, et vous nuit en cela, élève proportionnellement le taux de vos salaires ?

De quoi dépend le taux des salaires ?

Un des vôtres l'a dit énergiquement : Quand deux ouvriers courent après un maître, les salaires baissent ; ils haussent quand deux maîtres courent après un ouvrier.

Permettez-moi, pour abréger, de me servir de cette phrase plus scientifique et peut-être moins claire : « Le taux des salaires dépend du rapport de l'offre à la demande du travail. »

Or, de quoi dépend l'*offre* des bras?

Du nombre qu'il y en a sur la place ; et sur ce premier élément la protection ne peut rien.

De quoi dépend la *demande* des bras?

Du capital national disponible. Mais la loi qui dit : « On ne recevra plus tel produit du dehors ; on le fera au dedans, » augmente-t-elle ce capital? Pas le moins du monde. Elle le tire d'une voie pour le pousser dans une autre, mais elle ne l'accroît pas d'une obole. Elle n'augmente donc pas la demande des bras.

On montre avec orgueil telle fabrique. — Est-ce qu'elle s'est fondée et s'entretient avec des capitaux tombés de la lune? Non, il a fallu les soustraire soit à l'agriculture, soit à la navigation, soit à l'industrie vinicole. — Et voilà pourquoi si, depuis le règne des tarifs protecteurs, il y a plus d'ouvriers dans les galeries de nos mines et dans les faubourgs de nos villes manufacturières, il y a moins de marins dans nos ports, moins de laboureurs et de vignerons dans nos champs et sur nos coteaux.

Je pourrais disserter longtemps sur ce thème. J'aime mieux essayer de vous faire comprendre ma pensée par un exemple.

Un campagnard avait un fonds de terre de vingt arpents, qu'il faisait valoir avec un capital de 10,000 francs. Il divisa son domaine en quatre parts et y établit l'assolement suivant : 1° maïs ;

2° froment ; 3° trèfle ; 4° seigle. Il ne fallait pour lui et sa famille qu'une bien modique portion du grain, de la viande, du laitage que produisait la ferme, et il vendait le surplus pour acheter de l'huile, du lin, du vin, etc. — La totalité de son capital était distribuée chaque année en gages, salaires, payements de compte, aux ouvriers du voisinage. Ce capital rentrait par les ventes, et même il s'accroissait d'année en année; et notre campagnard, sachant fort bien qu'un capital ne produit rien que lorsqu'il est mis en œuvre, faisait profiter la classe ouvrière de ces excédants annuels qu'il consacrait à des clôtures, des défrichements, des améliorations dans ses instruments aratoires et dans les bâtiments de la ferme. Même il plaçait quelques réserves chez le banquier de la ville prochaine, mais celui-ci ne les laissait pas oisives dans son coffre-fort; il les prêtait à des armateurs, à des entrepreneurs de travaux utiles, en sorte qu'elles allaient toujours se résoudre en salaires.

Cependant le campagnard mourut, et, aussitôt maître de l'héritage, le fils se dit : Il faut avouer que mon père a été dupe toute sa vie. Il achetait de l'huile et payait ainsi *tribut* à la Provence, tandis que notre terre peut à la rigueur faire végéter des oliviers. Il achetait du vin, du lin, des oranges, et payait *tribut* à la Bretagne, au Médoc, aux îles d'Hyères, tandis que la vigne, le chanvre et l'oranger peuvent, tant bien que mal, donner chez nous quelques produits. Il payait *tribut* au meunier, au tisserand, quand nos domestiques peuvent bien tisser notre lin et écraser notre froment entre deux pierres. — Il se ruinait, et, en outre, il faisait gagner à des étrangers les salaires qu'il lui était si facile de répandre autour de lui.

Fort de ce raisonnement, notre étourdi changea l'assolement du domaine. Il le divisa en vingt soles. Sur l'une on cultiva l'olivier, sur l'autre le mûrier, sur la troisième le lin, sur la quatrième la vigne, sur la cinquième le froment, etc., etc. Il parvint ainsi à pourvoir sa famille de toutes choses et à se rendre *indépendant*. Il ne retirait plus rien de la circulation générale; il est vrai qu'il n'y versait rien non plus. En fut-il plus riche? Non car la terre n'était pas propre à la culture de la vigne; le climat s'opposait aux succès de l'olivier, et, en définitive, la famille était moins bien pourvue de toutes ces choses que du temps où le père les acquérait par voie d'échanges.

Quant aux ouvriers, il n'y eut pas pour eux plus de travail qu'autrefois. Il y avait bien cinq fois plus de soles à cultiver, mais elles étaient cinq fois plus petites; on faisait de l'huile, mais on faisait moins de froment; on n'achetait plus de lin, mais on ne vendait plus de seigle. D'ailleurs, le fermier ne pouvait dépenser en salaires plus que son capital; et son capital, loin de s'augmenter par la nouvelle distribution des terres, allait sans cesse décroissant. Une grande partie se fixait en bâtiments et ustensiles sans nombre, indispensables à qui veut tout entreprendre. En résultat, l'offre des bras resta la même, mais les moyens de les payer déclinaient, et il y eut forcément réduction de salaires.

Voilà l'image de ce qui se passe chez une nation qui s'isole par le régime prohibitif. Elle multiplie le nombre de ses industries, je le sais ; mais elle en diminue l'importance ; elle se donne, pour ainsi parler, un *assolement industriel* plus compliqué, mais non plus fécond, au contraire, puisque le même capital et la même main-d'œuvre s'y attaquent à plus de difficultés naturelles. Son capital fixe absorbe une plus grande partie de son capital circulant, c'est-à-dire une plus grande part du fonds destiné aux salaires. Ce qui en reste a beau se ramifier, cela n'en augmente pas la masse. C'est l'eau d'un étang qu'on croit avoir rendu plus abondante, parce que, distribuée dans une multitude de réservoirs, elle touche le sol par plus de points et présente au soleil plus de surface ; et l'on ne s'aperçoit pas que c'est précisément pour cela qu'elle s'absorbe, s'évapore et se perd.

Le capital et la main-d'œuvre étant donnés, ils créent une masse de produits d'autant moins grande qu'ils rencontrent plus d'obstacles. Il n'est pas douteux que les barrières internationales forçant, dans chaque pays, ce capital et cette main-d'œuver à vaincre plus de difficultés de climat et de température, le résultat général est moins de produits créés, ou, ce qui revient au même, moins de

satisfactions acquises à l'humanité. Or, s'il y a diminution générale de satisfactions, comment votre
part, ouvriers, se trouverait-elle augmentée? Donc
les riches, ceux qui font la loi, auraient arrangé
les choses de telle sorte que non-seulement ils
subiraient leur prorata de la diminution totale,
mais même que leur portion déjà réduite se rédui-
rait encore de tout ce qui s'ajoute, disent-ils, à la
vôtre? Cela est-il possible? cela est-il croyable?
Oh ! c'est là une générosité suspecte, et vous fe-
riez sagement de la repousser.

XIII. Théorie, pratique.

Partisans de la liberté des échanges, on nous accuse d'être des théoriciens, de ne pas tenir assez compte de la pratique.

« Quel terrible préjugé contre M. Say, dit M. Ferrier [1], que cette longue suite d'administrateurs distingués, que cette ligue imposante d'écrivains qui tous ont vu autrement que lui, et M. Say ne se le dissimule pas ! Écoutons-le : « On a dit, à l'appui « des vieilles erreurs, qu'il faut bien qu'il y ait « quelque fondement à des idées si généralement « adoptées par toutes les nations. Ne doit-on pas « se défier d'observations et de raisonnements qui « renversent ce qui a été tenu pour constant jus- « qu'à ce jour, ce qui a été tenu pour certain par « tant de personnages que rendaient recomman- « dables leurs lumières et leurs intentions? Cet « argument, je l'avoue, est digne de faire une pro-

[1] *De l'Administration commerciale opposée à l'économie politique*, page v.

« fonde impression, et pourrait jeter du doute sur
« les points les plus incontestables, si l'on n'avait
« vu tour à tour les opinions les plus fausses, et
« que maintenant on reconnaît généralement pour
« telles, reçues et professées par tout le monde
« pendant une longue suite de siècles. Il n'y a pas
« encore bien longtemps que toutes les nations,
« depuis la plus grossière jusqu'à la plus éclairée,
« et que tous les hommes, depuis le portefaix jus-
« qu'au philosophe le plus savant, admettaient
« quatre éléments. Personne n'eût songé à contes-
« ter cette doctrine qui pourtant est fausse ; telle-
« ment qu'aujourd'hui il n'y a pas d'aide-natura-
« liste qui ne se décriât s'il regardait la terre,
« l'air, l'eau et le feu comme des éléments. »

Sur quoi M. Ferrier fait cette observation :

« Si M. Say croit répondre ainsi à l'objection
très forte qu'il s'est proposée, il s'abuse étrangement. Que des hommes, d'ailleurs très-éclairés, se
soient trompés pendant plusieurs siècles sur un
point quelconque d'histoire naturelle, cela se comprend et ne prouve rien. L'eau, l'air, la terre et le
feu, éléments ou non, en étaient-ils moins utiles à
l'homme ?... Ces erreurs-là sont sans conséquence ;
elles n'amènent pas de bouleversements, ne jettent
pas de malaise dans les esprits, elles ne blessent
surtout aucun intérêt, raison pour laquelle elles
pourraient, sans inconvénient, durer des milliers
d'années. Le monde physique marche donc comme
si elles n'existaient pas. Mais en peut-il être ainsi

des erreurs qui attaquent le monde moral? Conçoit-on qu'un système d'administration qui serait absolument faux, dommageable par conséquent, pût être suivi, pendant plusieurs siècles et chez plusieurs peuples, avec l'assentiment général de tous les hommes instruits? Expliquera-t-on comment un tel système pourrait se lier avec la prospérité toujours croissante des nations? M. Say avoue que l'argument qu'il combat est digne de faire une impression profonde. Oui, certes, et cette impression reste, car M. Say l'a plutôt augmentée que détruite. »

Écoutons M. de Saint-Chamans :

« Ce n'est guère qu'au milieu du dernier siècle,
« de ce dix-huitième siècle où toutes les matières,
« tous les principes sans exception, furent livrés à
« la discussion des écrivains, que ces fournisseurs
« d'idées *spéculatives*, appliquées à tout sans être
« applicables à rien, commencèrent à écrire sur
« l'économie politique. Il existait auparavant un
« système d'économie politique non écrit, mais
« *pratiqué* par les gouvernements. Colbert, dit-on,
« en était l'inventeur, et il était la règle de tous les
« États de l'Europe. Ce qu'il y a de plus singulier,
« c'est qu'il l'est encore, malgré les anathèmes et
« le mépris, malgré les découvertes de l'école mo-
« derne. Ce système, que nos écrivains ont nommé
« le *système mercantile*, consistait à... contrarier,
« par des prohibitions ou des droits d'entrée, les
« productions étrangères qui pouvaient ruiner nos

« manufactures par leur concurrence..... Ce sys-
« tème a été déclaré inepte, absurde, propre à ap-
« pauvrir tout le pays, par les écrivains économis-
« tes de toutes les écoles[1]; il a été banni de tous
« les livres, réduit à se réfugier dans *la pratique*
« de tous les peuples ; et on ne conçoit pas que,
« pour ce qui regarde la richesse des nations, les
« gouvernements ne s'en soient pas rapportés aux
« savants auteurs plutôt qu'à *la vieille expérience*
« d'un système, etc..... On ne conçoit pas surtout
« que le gouvernement français..... s'obstine, en
« économie politique, à résister aux progrès des
« lumières et à conserver dans sa *pratique* ces
« vieilles erreurs que tous nos économistes de
« plume ont signalées... Mais en voilà trop sur
« ce système mercantile, qui n'a pour lui *que les*
« *faits*, et qui n'est soutenu par aucun écrivain[2] ! »

Ne dirait-on pas, à entendre ce langage, que les
économistes, en réclamant pour chacun *la libre
disposition de sa propriété*, ont fait sortir de leur
cervelle, comme les fouriéristes, un ordre social

---

[1] Ne pourrait-on pas dire : C'est un terrible préjugé contre
MM. Ferrier et Saint-Chamans que les économistes *de toutes les
écoles*, c'est-à-dire tous les hommes qui ont étudié la question,
soient arrivés à ce résultat : après tout, la liberté vaut mieux que
la contrainte, et les lois de Dieu sont plus sages que celles de
M. Colbert.

[2] *Du Système de l'impôt*, etc., par M. le vicomte de Saint-
Chamans, page 11.

nouveau, chimérique, étrange, une sorte de phalanstère sans précédent dans les annales du genre humain? Il me semble que, s'il y a, en tout ceci, quelque chose d'inventé, de contingent, ce n'est pas la liberté, mais la protection ; ce n'est pas la faculté d'échanger, mais bien la douane, la douane appliquée à bouleverser artificiellement l'ordre naturel des rémunérations.

Mais il ne s'agit pas de comparer, de juger les deux systèmes ; la question, pour le moment, est de savoir lequel des deux s'appuie sur l'expérience.

Ainsi donc, Messieurs les Monopoleurs, vous prétendez que *les faits* sont pour vous ; que nous n'avons de notre côté que *des théories.*

Vous vous flattez même que cette longue série d'actes publics, cette *vieille expérience* de l'Europe que vous invoquez, a paru imposante à M. Say; et je conviens qu'il ne vous a pas réfutés avec sa sagacité habituelle. — Pour moi, je ne vous cède pas le domaine des *faits*, car vous n'avez pour vous que des faits exceptionnels et contraints, et nous avons à leur opposer les faits universels, les actes libres et volontaires de tous les hommes.

Que disons-nous et que dites-vous?

— Nous disons :

« Il vaut mieux acheter à autrui ce qu'il en coûte plus cher de faire soi-même. »

Et vous, vous dites :

« Il vaut mieux faire les choses soi-même, encore qu'il en coûte moins cher de les acheter à autrui. »

Or, Messieurs, laissant de côté la théorie, la démonstration, le raisonnement, toutes choses qui paraissent vous donner des nausées, quelle est celle de ces deux assertions qui a pour elle la sanction de l'*universelle pratique?*

Visitez donc les champs, les ateliers, les usines, les magasins ; regardez au-dessus, au-dessous et autour de vous ; scrutez ce qui s'accomplit dans votre propre ménage ; observez vos propres actes de tous les instants, et dites quel est le principe qui dirige ces laboureurs, ces ouvriers, ces entrepreneurs, ces marchands ; dites quelle est votre *pratique* personnelle.

Est-ce que l'agriculteur fait ses habits? est-ce que le tailleur produit le grain qu'il consomme? est-ce que votre ménagère ne cesse pas de faire le pain à la maison aussitôt qu'elle trouve économie à l'acheter au boulanger? est-ce que vous quittez la plume pour la brosse, afin de ne pas payer *tribut* au décrotteur? est-ce que l'économie tout entière de la société ne repose pas sur la séparation des occupations, sur la division du travail, sur l'*échange* en un mot? et l'échange est-il autre chose que ce calcul qui nous fait, à tous tant que nous sommes, discontinuer la production directe, lorsque l'acquisition indirecte nous présente épargne de temps et de peine?

Vous n'êtes donc pas les hommes de la *pratique,*

puisque vous ne pourriez pas montrer un seul homme, sur toute la surface du globe, qui agisse selon votre principe.

Mais, direz-vous, nous n'avons jamais entendu faire de notre principe la règle des relations individuelles. Nous comprenons bien que ce serait briser le lien social, et forcer les hommes à vivre, comme les colimaçons, chacun dans sa carapace. Nous nous bornons à prétendre qu'il domine *de fait* les relations qui se sont établies entre les agglomérations de la famille humaine.

Eh bien, cette assertion est encore erronée. La famille, la commune, le canton, le département, la province, sont autant d'agglomérations qui toutes, sans aucune exception, rejettent *pratiquement* votre principe et n'y ont même jamais songé. Toutes se procurent par voie d'échange ce qu'il leur en coûterait plus de se procurer par voie de production. Autant en feraient les peuples, si vous ne l'empêchiez *par la force*.

C'est donc nous qui sommes les hommes de pratique et d'experience; car, pour combattre l'interdit que vous avez mis exceptionnellement sur quelques échanges internationaux, nous nous fondons sur la pratique et l'expérience de tous les individus et de toutes les agglomérations d'individus dont les actes sont volontaires, et peuvent par conséquent être invoqués en témoignage. Mais vous, vous commencez par *contraindre*, par *empecher*, et puis vous vous emparez d'actes *forcés* ou *prohibés* pour vous écrier : « Voyez, la pratique nous justifie ! »

Vous vous élevez contre notre *théorie*, et même contre la *théorie* en général. Mais, quand vous posez un principe antagonique au nôtre, vous êtes-vous imaginé, par hasard, que vous ne faisiez pas de la *théorie?* Non, non, rayez cela de vos papiers. Vous faites de la théorie comme nous, mais il y a entre la vôtre et la nôtre cette différence :

Notre théorie ne consiste qu'à observer *les faits* universels, les sentiments universels, les calculs, les procédés universels, et tout au plus à les classer, à les coordonner pour les mieux comprendre.

Elle est si peu opposée à la pratique qu'elle n'est autre chose que *la pratique expliquée*. Nous regardons agir les hommes mus par l'instinct de la conservation et du progrès, et ce qu'ils font librement, volontairement, c'est cela même que nous appelons *économie politique* ou économie de la société. Nous allons sans cesse répétant : Chaque homme est *pratiquement* un excellent économiste, produisant ou échangeant selon qu'il y a plus d'avantage à échanger ou à produire. Chacun, par l'expérience, s'élève à la science, ou plutôt la science n'est que cette même expérience scrupuleusement observée et méthodiquement exposée.

Mais vous, vous faites de la *théorie* dans le sens défavorable du mot. Vous imaginez, vous inventez des procédés qui ne sont sanctionnés par la pratique d'aucun homme vivant sous la voûte des cieux, et puis vous appelez à votre aide la contrainte et la prohibition. Il faut bien que vous ayez recours *à la force*, puisque, voulant que les hommes produisent ce qui leur est *plus avantageux* d'acheter, vous voulez qu'ils renoncent à un *avantage*, vous exigez d'eux qu'ils se conduisent d'après une doctrine qui implique contradiction, même dans ses termes.

Aussi, cette doctrine qui, vous en convenez, serait absurde dans les relations individuelles, je vous défie de l'étendre, même en spéculation, aux transactions entre familles, communes, départements ou provinces. De votre propre aveu, elle n'est applicable qu'aux relations internationales.

Et c'est pourquoi vous êtes réduits à répéter chaque jour :

« Les principes n'ont rien d'absolu. Ce qui est *bien* dans l'individu, la famille, la commune, la province, est *mal* dans la nation. Ce qui est *bon* en détail, — savoir : acheter plutôt que produire, quand l'achat est plus avantageux que la production, — cela même est *mauvais* en masse ; l'économie politique des individus n'est pas celle des peuples, » et autres balivernes *ejusdem farinæ*.

Et tout cela, pourquoi ? Regardez-y de près. Pour nous prouver que nous, consommateurs, nous sommes votre propriété ! que nous vous appartenons en corps et en âme ! que vous avez sur nos estomacs et sur nos membres un droit exclusif ! qu'il vous appartient de nous nourrir et de nous vêtir à votre prix, quelles que soient votre impéritie, votre rapacité ou l'infériorité de votre situation.

Non, vous n'êtes pas les hommes de la pratique, vous êtes des hommes d'abstraction..... et d'extorsion.

XIV.—Conflit de principes.

Il est une chose qui me confond, et c'est celle-ci :

Des publicistes sincères étudiant, au seul point de vue des producteurs, l'économie des sociétés, sont arrivés à cette double formule :

« Les gouvernements doivent disposer des con-
« sommateurs soumis à leurs lois, en faveur du
« travail national ;

« Ils doivent soumettre à leurs lois des consom-
« mateurs lointains, pour en disposer en faveur
« du travail national. »

La première de ces formules s'appelle *Protection* ; la seconde, *Débouchés*.

Toutes deux reposent sur cette donnée qu'on nomme *Balance du commerce* :

« Un peuple s'appauvrit quand il importe, et s'enrichit quand il exporte. »

Car, si tout achat au dehors est un *tribut payé*, une perte, il est tout simple de restreindre, même de prohiber les importations.

Et si toute vente au dehors est un *tribut reçu,* un profit, il est tout naturel de se créer des *débouchés,* même par la force.

Système protecteur, système colonial : ce ne sont donc que deux aspects d'une même théorie. —*Empêcher* nos concitoyens d'acheter aux étrangers, *forcer* les étrangers à acheter à nos concitoyens, ce ne sont que deux conséquences d'un principe identique.

Or, il est imposible de ne pas reconnaître que selon cette doctrine, si elle est vraie, l'utilité générale repose sur le *monopole* ou spoliation intérieure, et sur la *conquéte* ou spoliation extérieure.

J'entre dans un des chalets suspendus aux flancs de nos Pyrénées.

Le père de famille n'a reçu, pour son travail, qu'un faible salaire. La bise glaciale fait frissonner ses enfants à demi nus, le foyer est éteint et la table vide. Il y a de la laine et du bois et du maïs par delà la montagne, mais ces biens sont interdits à la famille du pauvre journalier ; car l'autre versant des monts ce n'est plus la France. Le sapin étranger ne réjouira pas le foyer du chalet ; les enfants du berger ne connaîtront pas le goût de la *méture* biscaïenne, et la laine de Navarre ne réchauffera pas leurs membres engourdis. Ainsi le veut l'utilité générale : à la bonne heure ! mais convenons qu'elle est ici en contradiction avec la justice .

Disposer législativement des consommateurs, les

réserver au travail national, c'est empiéter sur leur liberté, c'est leur interdire une action, l'échange, qui n'a en elle-même rien de contraire à la morale; en un mot, c'est leur faire *injustice*.

Et cependant cela est nécessaire, dit-on, sous peine de voir s'arrêter le travail national, sous peine de porter un coup funeste à la prospérité publique.

Les écrivains de l'école protectioniste arrivent donc à cette triste conclusion, qu'il y a incompatibilité radicale entre la Justice et l'Utilité.

D'un autre côté, si chaque peuple est intéressé à *vendre* et à ne pas *acheter*, une action et une réaction violentes sont l'état naturel de leurs relations, car chacun cherchera à imposer ses produits à tous, et tous s'efforceront de repousser les produits de chacun.

Une vente, en effet, implique un achat, et puisque, selon cette doctrine, vendre c'est bénéficier, comme acheter c'est perdre, toute transaction internationale implique l'amélioration d'un peuple et la détérioration d'un autre.

Mais, d'une part, les hommes sont fatalement poussés vers ce qui leur profite; de l'autre, ils résistent instinctivement à ce qui leur nuit : d'où il faut conclure que chaque peuple porte en luimême une force naturelle d'expansion et une force non moins naturelle de résistance, lesquelles sont également nuisibles à tous les autres; ou, en d'autres termes, que l'antagonisme et la guerre sont l'état *naturel* de la société humaine.

Ainsi, la théorie que je discute se résume en ces deux axiomes;

L'Utilité est incompatible avec la Justice au dedans.

L'Utilité est incompatible avec la Paix au dehors.

Eh bien ! ce qui m'étonne, ce qui me confond, c'est qu'un publiciste, un homme d'État, qui a sincèrement adhéré à une doctrine économique dont le principe heurte si violemment d'autres principes incontestables, puisse goûter un instant de calme et de repos d'esprit.

Pour moi, il me semble que, si j'avais pénétré dans la science par cette porte, si je n'apercevais pas clairement que Liberté, Utilité, Justice, Paix, sont choses non-seulement compatibles, mais étroitement liées entre elles, et pour ainsi dire identiques, je m'efforcerais d'oublier tout ce que j'ai appris ; je me dirais:

« Comment Dieu a-t-il pu vouloir que les hom-
« mes n'arrivent à la prospérité que par l'injus-
« tice et la guerre? Comment a-t-il pu vouloir
« qu'ils ne renoncent à la guerre et à l'injustice
« qu'en renonçant à leur bien-être ?

« Ne me trompe-t-elle pas par de fausses lueurs,
« la science qui m'a conduit à l'horrible blasphème
« qu'implique cette alternative, et oserai-je pren-

« dre sur moi d'en faire la base de la législation
« d'un grand peuple ? Et lorsqu'une longue suite
« de savant illustres ont recueilli des résultats plus
« consolants de cette même science à laquelle ils
« ont consacré toute leur vie, lorsqu'ils affirment
« que la liberté et l'utilité s'y concilient avec la jus-
« tice et la paix, que tous ces grands principes sui-
« vent, sans se heurter, et pendant l'éternité entière,
« des parallèles infinis, n'ont-ils pas pour eux la
« présomption qui résulte de tout ce que nous
« savons de la bonté et de la sagesse de Dieu, mani-
« festées dans la sublime harmonie de la création
« matérielle ? Dois-je, croire légèrement contre une
« telle présomption et contre tant d'imposantes au-
« torités, que ce même Dieu s'est plu à mettre l'an-
« tagonisme et la dissonance dans les lois du monde
« moral ? Non, non, avant de tenir pour certain
« que tous les principes sociaux se heurtent, se cho-
« quent, se neutralisent, et sont entre eux en un
« conflit anarchique, éternel, irrémédiable ; avant
« d'imposer à mes concitoyens le système impie au-
« quel mes raisonnements m'ont conduit, je veux
« en repasser toute la chaîne, et m'assurer s'il n'est
« pas un point de la route où je me suis égaré. »

Que si, après un sincère examen, vingt fois re-
commencé, j'arrivais toujours à cette affreuse conclusion, qu'il faut opter entre le Bien et le Bon,
découragé, je repousserais la science, je m'enfon-
cerais dans une ignorance volontaire, surtout je

déclinerais toute participation aux affaires de mon pays, laissant à des hommes d'une autre trempe le fardeau et la responsabilité d'un choix si pénible.

XV. Encore la réciprocité.

M. de Saint-Cricq disait : « Sommes-nous sûrs que l'étranger nous fera autant d'achats que de ventes ? »

M. de Dombasle. « Quel motif avons-nous de croire que les producteurs anglais viendront chercher chez nous, plutôt que chez toute autre nation du globe, les produits dont ils pourront avoir besoin, et des produits pour une valeur équivalente à leurs exportations en France? »

J'admire comme les hommes qui se disent *pratiques* avant tout raisonnent en dehors de toute pratique !

Dans la pratique, se fait- il un échange sur cent, sur mille, sur dix mille peut-être, qui soit un troc direct de produit contre produit? Depuis qu'il y a des monnaies au monde, jamais aucun cultivateur s'est-il dit : je ne veux acheter des souliers, des chapeaux, des conseils, des leçons, qu'au cordonnier, au chapelier, à l'avocat, au professeur qui m'achètera du blé tout juste pour une valeur équivalente? — Et pourquoi les nations s'imposeraient-elles cette gêne?

Comment se passent les choses?

Supposons un peuple privé de relations extérieures. — Un homme a produit du blé. Il le verse dans la circulation *nationale* au plus haut cours qu'il peut trouver, et il reçoit en échange... quoi? Des écus, c'est-à-dire des mandats, des bons fractionnables à l'infini, au moyen desquels il lui sera loisible de retirer aussi de la circulation nationale, quand il le jugera à propos et jusqu'à due concurrence, les objets dont il aura besoin ou envie. En définitive, à la fin de l'opération, il aura retiré de la masse justement l'équivalent de ce qu'il y a versé, et, en valeur, *sa consommation égalera exactement sa production.*

Si les échanges de cette nation avec le dehors sont libres, ce n'est plus dans la circulation *nationale,* mais dans la circulation *générale,* que chacun verse ses produits et puise ses consommations. Il n'a point à se préoccuper si ce qu'il livre à cette circulation générale est acheté par un compatriote ou un étranger; si les bons qu'il reçoit lui viennent d'un Français ou d'un Anglais; si les objets contre lesquels il échange ensuite ces *bons* à mesure de ses besoins ont été fabriqués en deçà ou au delà du Rhin ou des Pyrénées. Toujours est-il qu'il y a pour chaque individu balance exacte entre ce qu'il verse et ce qu'il puise dans le grand réservoir commun ; et si cela est vrai de chaque individu, cela est vrai de la nation en masse.

La seule différence entre les deux cas, c'est que, dans le dernier, chacun est en face d'un marché plus étendu pour ses ventes et ses achats, et a, par conséquent, plus de chances de bien faire les uns et les autres.

On fait cette objection : Si tout le monde se ligue pour ne pas retirer de la circulation les produits d'un individu déterminé, il ne pourra rien retirer à son tour de la masse. Il en est de même d'un peuple.

RÉPONSE : Si ce peuple ne peut rien retirer de la masse, il n'y versera rien non plus ; il travaillera pour lui-même. Il sera contraint de se soumettre à ce que vous voulez lui imposer d'avance, à savoir : *l'isolement*.

Et ce sera l'idéal du régime prohibitif.

N'est-il pas plaisant que vous lui infligiez d'ores et déjà ce régime dans la crainte qu'il ne coure la chance d'y arriver un jour sans vous ?

XVI. Les fleuves obstrués plaidant pour les prohibitionistes.

Il y a quelques années, j'étais à Madrid. J'allai aux cortès. On y discutait un traité avec le Portugal sur l'amélioration du cours du Duero. Un député se lève et dit : Si le Duero est canalisé, les transports s'y feront à plus bas prix. Les grains portugais se vendront à meilleur marché dans les Castilles et feront à notre *travail national* une concurrence redoutable. Je repousse le projet, à moins que MM. les ministres ne s'engagent à relever le tarif des douanes de manière à rétablir l'équilibre. L'assemblée trouva l'argument sans réplique.

Trois mois après, j'étais à Lisbonne. La même question était soumise au sénat. Un noble hidalgo dit : Senhor presidente, le projet est absurde. Vous placez des gardes, à gros frais, sur les rives du Duero, pour empêcher l'invasion du grain castillan en Portugal, et, en même temps, vous voulez, toujours à gros frais, faciliter cette invasion. C'est une inconséquence à laquelle je ne puis m'associer.

Que le Duero passe à nos fils tel que nous l'ont laissé nos pères.

Plus tard, quand il s'est agi d'améliorer la Garonne, je me suis rappelé les arguments des orateurs ibériens, et je me disais : Si les députés de Toulouse étaient aussi bons économistes que celui de Palencia, et les représentants de Bordeaux aussi forts logiciens que ceux d'Oporto, assurément on laisserait la Garonne

Dormir au bruit flatteur de son urne penchante,

car la canalisation de la Garonne favorisera, au préjudice de Bordeaux, l'*invasion* des produits toulousains, et, au détriment de Toulouse, l'*inondation* des produits bordelais.

XVII. Un chemin de fer négatif.

J'ai dit que lorsque, malheureusement, on se plaçait au point de vue de l'intérêt producteur, on ne pouvait manquer de heurter l'intérêt général, parce que le producteur, en tant que tel, ne demande qu'efforts, besoins et obstacles.

J'en trouve uu exemple ramarquable dans un journal de Bordeaux.

M. Simiot se pose cette question :

Le chemin de fer de Paris en Espagne doit-il offrir une solution de continuité à Bordeaux ?

Il la résout affirmativement par une foule de raisons que je n'ai pas à examiner, mais par celle-ci, entre autres :

Le chemin de fer de Paris à Bayonne doit présenter une lacune à Bordeaux, afin que marchandises et voyageurs, forcés de s'arrêter dans cette ville, y laissent des profits aux bateliers, porte-balles, commissionnaires, consignataires, hôteliers, etc.

Il est clair que c'est encore ici l'intérêt des

agents du travail mis avant l'intérêt des consommateurs.

Mais si Bordeaux doit profiter par la lacune, et si ce profit est conforme à l'intérêt public, Angoulême, Poitiers, Tours, Orléans, bien plus, tous les points intermédiaires, Ruffec, Châtellerault, etc., etc., doivent aussi demander des lacunes, et cela dans l'intérêt général, dans l'intérêt bien entendu du travail national, car plus elles seront multipliées, plus seront multipliés aussi les consignations, commissions, transbordements, sur tous les points de la ligne. Avec ce système, on arrive à un chemin de fer composé de lacunes successives, à un *chemin de fer négatif.*

Que MM. les protectionistes le veuillent ou non, il n'en est pas moins certain que le *principe de la restriction* est le même que le *principe des lacunes* : le sacrifice du consommateur au producteur, du but au moyen.

XVIII. Il n'y a pas de principes absolus.

On ne peut trop s'étonner de la facilité avec laquelle les hommes se résignent à ignorer ce qu'il leur importe le plus de savoir, et l'on peut être sûr qu'ils sont décidés à s'endormir dans leur ignorance une fois qu'ils en sont venus à proclamer cet axiome : Il n'y a pas de principes absolus.

Vous entrez dans l'enceinte législative. Il y est question de savoir si la loi interdira ou affranchira les échanges internationaux.

Un député se lève et dit :

Si vous tolérez ces échanges, l'étranger vous inondera de ses produits, l'Anglais de tissus, le Belge de houilles, l'Espagnol de laines, l'Italien de soies, le Suisse de bestiaux, le Suédois de fer, le Prussien de blé, en sorte qu'aucune industrie ne sera plus possible chez nous.

Un autre répond :

Si vous prohibez ces échanges, les bienfaits divers que la nature a prodigués à chaque climat seront, pour vous, comme s'ils n'étaient pas. Vous ne participerez pas à l'habileté mécanique des Anglais, à la richesse des mines belges, à la fertilité du sol polonais, à la fécondité des pâturages suisses, au bon marché du travail espagnol, à la chaleur du climat italien, et il vous faudra demander à une production rebelle ce que par l'échange vous eussiez obtenu d'une production facile.

Assurément, l'un de ces députés se trompe. Mais lequel ? Il vaut pourtant la peine de s'en assurer, car il ne s'agit pas seulement d'opinions. Vous êtes en présence de deux routes, il faut choisir, et l'une mène nécessairement à la *misère.*

Pour sortir d'embarras, on dit : Il n'y a point de principes absolus.

Cet axiome, si à la mode de nos jours, outre qu'il doit sourire à la paresse, convient aussi à l'ambition.

Si la théorie de la prohibition venait à prévaloir, ou bien si la doctrine de la liberté venait à triompher, une toute petite loi ferait tout notre code économique. Dans le premier cas, elle porterait : *tout échange au dehors est interdit ;* dans le second, *tout échange avec l'étranger est libre,* et bien des gros personnages perdraient de leur importance.

Mais si l'échange n'a pas une nature qui lui soit propre, s'il n'est gouverné par aucune loi naturelle, s'il est capricieusement utile ou funeste, s'il ne trouve pas son aiguillon dans le bien qu'il fait, sa limite dans le bien qu'il cesse de faire, si ses effets ne peuvent être appréciés par ceux qui l'exécutent ; en un mot, s'il n'y a pas de principes absolus, oh ! alors il faut pondérer, équilibrer, réglementer les transactions, il faut égaliser les conditions du travail, chercher le niveau des profits, tâche colossale, bien propre à donner à ceux qui s'en chargent de gros traitements et une haute influence.

En entrant dans Paris, que je suis venu visiter, je me disais : Il y a là un million d'êtres humains qui mourraient tous en peu de jours si des approvisionnements de toute nature n'affluaient vers cette vaste métropole. L'imagination s'effraye quand elle veut apprécier l'immense multiplicité d'objets qui doivent entrer demain par ses barrières, sous peine que la vie de ses habitants ne s'éteigne dans les convulsions de la famine, de l'émeute et du pillage. Et cependant tous dorment en ce moment sans que leur paisible sommeil soit troublé un seul instant par l'idée d'une aussi effroyable perspective. D'un autre côté, quatre-vingts départements ont travaillé aujourd'hui, sans se concerter, sans s'entendre, à l'approvisionnement de Paris. Comment chaque jour amène-t-il ce qu'il faut, rien de plus, rien de moins, sur ce gigantesque marché ? Quelle est donc l'ingénieuse et secrète puissance qui préside à l'étonnante régularité de mouvements si compliqués, régularité en laquelle chacun a une foi si insouciante, quoiqu'il y aille du bien-être et de la vie? Cette puissance, c'est *un principe absolu*, le principe de la liberté des transactions. Nous avons foi en cette lumière intime que la Providence a placée au cœur de tous les hommes, à qui elle a confié la conservation et l'amélioration indéfinie de notre espèce, l'*intérêt*, puisqu'il faut l'appeler par son nom, si actif, si vigilant, si prévoyant, quand il est libre dans son action. Où en seriez-vous, habitants de Paris, si un ministre s'avisait de substituer à cette puissance les combinaisons de son génie, quelque supérieur qu'on le suppose? s'il imaginait de soumettre à sa direction suprême ce prodigieux mécanisme, d'en réunir tous les ressorts en ses mains, de décider par qui, où, comment, à quelles conditions chaque chose doit être produite, transportée, échangée et consommée? Oh! quoiqu'il y ait bien des souffrances dans votre enceinte, quoique la misère, le désespoir, et peut-être l'inanition, y fassent couler plus de larmes que votre ardente charité n'en peut sécher, il est probable, il est certain, j'ose le dire, que l'intervention arbitraire du gouvernement multiplierait à l'infini ces souffrances, et étendrait sur vous tous les maux qui ne frappent qu'un petit nombre de vos concitoyens.

Eh bien! cette foi que nous avons tous dans un principe, quand il s'agit de nos transactions intérieures, pourquoi ne l'aurions-nous pas, dans le même principe appliqué à nos transactions internationales, assurément moins nombreuses, moins délicates et moins compliquées ? Et s'il n'est pas nécessaire que la préfecture de Paris réglemente nos industries, pondère nos chances, nos profits et nos pertes, se préoccupe de l'épuisement du numéraire, égalise les conditions de notre travail dans le commerce intérieur, pourquoi est-il nécessaire que la douane, sortant de sa mission fiscale, prétende exercer une action protectrice sur notre commerce extérieur ?

XIX. Indépendance nationale.

Parmi les arguments qu'on fait valoir en faveur
du régime restrictif, il ne faut pas oublier celui
qu'on tire de l'*indépendance nationale*.

« Que ferons-nous en cas de guerre, dit-on, si
nous nous sommes mis à la discrétion de l'Angleterre pour le fer et la houille?

Les monopoleurs anglais ne manquent pas de
s'écrier de leur côté :

« Que deviendra la Grande-Bretage en temps
de guerre si elle se met pour les aliments sous la
dépendance des Français ? »

On ne prend pas garde à une chose; c'est que
cette sorte de dépendance qui résulte des échanges, des transactions commerciales, est une dépendance *réciproque*. Nous ne pouvons dépendre
de l'étranger sans que l'étranger dépende de nous.
Or c'est là l'essence même de la *société*. Rompre
des relations naturelles, ce n'est pas se placer dans
un état d'indépendance, mais dans un état d'isolement.

Et remarquez ceci : on s'isole dans la prévision de la guerre; mais l'acte même de s'isoler est un commencement de guerre. Il la rend plus facile, moins onéreuse, et, partant, moins impopulaire. Que les peuples soient les uns aux autres des débouchés permanents; que leurs relations ne puissent être rompues sans leur infliger la double souffrance de la privation et de l'encombrement, et ils n'auront plus besoin de ces puissances marines qui les ruinent, de ces grandes armées qui les écrasent; la paix du monde ne sera pas compromise par le caprice d'un Thiers ou d'un Palmerston, et la guerre disparaîtra faute d'aliments, de ressources, de motifs, de prétextes et de sympathie populaire.

Je sais bien qu'on me reprochera (c'est la mode du jour) de donner pour base à la fraternité des peuples l'intérêt, le vil et prosaïque intérêt. On aimerait mieux qu'elle eût son principe dans la charité, dans l'amour, qu'il y fallût même un peu d'abnégation, et que, froissant le bien-être matériel des hommes, elle eût le mérite d'un généreux sacrifice.

Quand donc en finirons-nous avec ces puériles déclamations? Quand bannirons-nous enfin la tartuferie de la science? Quand cesserons-nous de mettre cette contradiction nauséabonde entre nos écrits et nos actions? Nous huons, nous conspuons l'*intérêt*, c'est-à-dire l'utile, le bien (car dire que tous les peuples sont intéressés à une chose, c'est dire que cette chose est bonne en soi), comme si l'intérêt n'était pas le mobile nécessaire, éternel, indestructible, à qui la Providence a confié la perfectibilité humaine ! Ne dirait-on pas que nous sommes tous des anges de désintéressement? Et pense-t-on que le public ne commence pas à voir avec dégoût que ce langage affecté noircit précisément les pages qu'on lui fait payer le plus cher ? Oh ! l'affectation ! l'affectation ! c'est vraiment la maladie de ce siècle.

Quoi ! parce que le bien-être et la paix sont choses corrélatives, parce qu'il a plu à Dieu d'établir cette belle harmonie dans le monde moral, vous ne voulez pas que j'admire, que j'adore ses décrets et que j'accepte avec gratitude des lois qui font de la justice la condition du bonheur ? Vous ne voulez la paix qu'autant qu'elle froisse le bien-être, et la liberté vous pèse parce qu'elle ne vous impose pas des sacrifices? Et qui vous empêche, si l'abnégation a pour vous tant de charmes, d'en mettre dans vos actions privées ? La société vous en sera reconnaissante, car quelqu'un au moins en recueillera le fruit; mais vouloir l'imposer à l'humanité comme un principe, c'est le comble de l'absurdité, car l'abnégation de tous, c'est le sacrifice de tous, c'est le mal érigé en théorie.

Mais, grâce au ciel, on peut écrire et lire beaucoup de ces déclamations sans que pour cela le monde cesse d'obéir à son mobile, qui est, qu'on le veuille ou non, l'*intérêt*.

Après tout, il est assez singulier de voir invoquer les sentiments de la plus sublime abnégation à l'appui de la spoliation elle-même. Voilà donc à quoi aboutit ce fastueux désintéressement ! Ces hommes si poétiquement délicats qu'ils ne veulent pas de la paix elle-même si elle est fondée sur le vil *intérêt* des hommes, mettent la main dans la poche d'autrui, et surtout du pauvre ; car quel article du tarif protége le pauvre ? Eh ! messieurs, disposez comme vous l'entendez de ce qui vous appartient, mais laissez-nous disposer aussi du fruit de nos sueurs, nous en servir ou l'échanger à notre gré. Déclamez sur le renoncement à soi-même, car cela est beau ; mais en même temps soyez au moins honnêtes.

XX. Travail humain, travail national.

Briser les machines, — repousser les marchandises étrangères, — ce sont deux actes qui procèdent de la même doctrine.

On voit des hommes qui battent des mains quand une grande invention se révèle au monde, — et qui néanmoins adhèrent au régime protecteur. — Ces hommes sont bien inconséquents !

Que reprochent-ils à la liberté du commerce ? De faire produire par des étrangers plus habiles ou mieux situés que nous des choses que, sans elle, nous produirions nous-mêmes. En un mot, on l'accuse de nuire au *travail national*.

De même, ne devraient-ils pas reprocher aux machines de faire accomplir par des agents naturels ce qui, sans elles, serait l'œuvre de nos bras, et, par conséquent, de nuire au *travail humain ?*

L'ouvrier étranger, mieux placé que l'ouvrier français, est à l'égard de celui-ci, une véritable *machine économique* qui l'écrase de sa concurrence. De même, une machine qui exécute une opération à un prix moindre qu'un certain nombre de bras est, relativement à ces bras, un vrai *concurrent étranger* qui les paralyse par sa rivalité.

Si donc il est opportun de protéger le *travail national* contre la concurrence du *travail étranger*, il ne l'est pas moins de protéger le *travail humain* contre la rivalité du *travail mécanique*.

Aussi, quiconque adhère au régime protecteur, s'il a un peu de logique dans la cervelle, ne doit pas s'arrêter à prohiber les produits étrangers : il doit prescrire encore les produits de la navette et de la charrue.

Et voilà pourquoi j'aime bien mieux la logique des hommes qui, déclamant contre l'*invasion* des marchandises exotiques, ont au moins le courage de déclamer aussi contre l'*excès de production* dû à la puissance inventive de l'esprit humain.

Tel est M. de Saint-Chamans. « Un des argu- « ments les plus forts, dit-il, contre la liberté du « commerce et le trop grand emploi des machines, « c'est que beaucoup d'ouvriers sont privés d'ou- « vrage ou par la concurrence étrangère qui fait « tomber les manufactures, ou par les instru- « ments qui prennent la place des hommes dans « les ateliers. (*Du Système d'impôts*, page 438.)

M. de Saint-Chamans a parfaitement vu l'analogie, disons mieux, l'identité qui existe entre les *importations* et les *machines ;* voilà pourquoi il proscrit les unes et les autres ; et vraiment il y a plaisir d'avoir affaire avec des argumentateurs intrépides, qui, même dans l'erreur, poussent un raisonnement jusqu'au bout.

Mais voyez la difficulté qui les attend !

S'il est vrai, *à priori*, que le domaine de l'*invention* et celui du *travail* ne puissent s'étendre qu'aux dépens l'un de l'autre, c'est dans les pays où il y a le plus de *machines*, dans le Lancastre, par exemple, qu'on doit rencontrer le moins d'*ouvriers*. Et si, au contraire, on constate *en fait* que la mécanique et la main-d'œuvre coexistent à un plus haut degré chez les peuples riches que chez les sauvages, il faut en conclure nécessairement que ces deux puissances ne s'excluent pas.

Je ne puis pas m'expliquer qu'un être pensant puisse goûter quelque repos en présence de ce dilemme :

Ou les inventions de l'homme ne nuisent pas à ses travaux comme les faits généraux l'attestent, puisqu'il y a plus des unes et des autres chez les Anglais et les Français que parmi les Hurons et les Cherokées, et, en ce cas, j'ai fait fausse route, quoique je ne sache ni où ni quand je me suis égaré. Je commettrais un crime de lèse-humanité si j'introduisais mon erreur dans la législation de mon pays,

Ou bien les découvertes de l'esprit limitent le travail des bras, comme les faits particuliers semblent l'indiquer, puisque je vois tous les jours une machine se substituer à vingt, à cent travailleurs, et alors je suis forcé de constater une flagrante, éternelle, incurable antithèse entre la puissance intellectuelle et la puissance physique de l'homme; entre son progrès et son bien-être, et je ne puis m'empêcher de dire que l'auteur de l'homme devait lui donner de la raison ou des bras, de la force morale ou de la force brutale, mais qu'il s'est joué de lui en lui conférant à la fois des facultés qui s'entre-détruisent.

La difficulté est pressante. Or, savez-vous comment on en sort? Par ce singulier apophthegme:

En économie politique, il n'y a pas de principe absolu.

En langage intelligible et vulgaire, cela veut dire:

« Je ne sais où est le vrai et le faux; j'ignore ce
« qui constitue le bien ou le mal général. Je ne
« m'en mets pas en peine. L'effet immédiat de
« chaque mesure sur mon bien-être personnel,
« telle est la seule loi que je consente à recon-
« naître. »

Il n'y a pas de principes! mais c'est comme si vous disiez: Il n'y a pas de faits; car les principes ne sont que des formules qui résument tout un ordre de faits bien constatés.

Les machines, les importations ont certainement des effets. Ces effets sont bons ou mauvais. On peut à cet égard différer d'avis. Mais, quel que soit celui que l'on adopte, il se formule par un de ces deux *principes* : Les machines sont un bien ; — ou — les machines sont un mal. Les importations sont favorables, — ou — les importations sont nuisibles. — Mais dire : *Il n'y a pas de principes*, c'est certainement le dernier degré d'abaissement où l'esprit humain puisse descendre, et j'avoue que je rougis pour mon pays quand j'entends articuler une si monstrueuse hérésie en face des chambres françaises, avec leur assentiment, c'est-à-dire en face et avec l'assentiment de l'élite de nos concitoyens ; et cela pour se justifier de nous imposer des lois en parfaite ignorance de cause.

Mais enfin, me dira-t-on, détruisez le *sophisme*. Prouvez que les machines ne nuisent pas au *travail humain*, ni les importations au *travail national*.

Dans un ouvrage de la nature de celui-ci, de telles démonstrations ne sauraient être très-complètes. J'ai plus pour but de poser les difficultés que de les résoudre, et d'exciter la réflexion que de la satisfaire. Il n'y a jamais pour l'esprit de conviction bien acquise que celle qu'il doit à son propre travail. J'essayerai néanmoins de le mettre sur la voie.

Ce qui trompe les adversaires des importations et des machines, c'est qu'ils les jugent par leurs effets immédiats et transitoires, au lieu d'aller jusqu'aux conséquences générales et définitives.

L'effet prochain d'une machine ingénieuse est de rendre superflue, pour un résultat donné, une certaine quantité de main-d'œuvre. Mais là ne s'arrête point son action. Par cela même que ce résultat donné est obtenu avec moins d'efforts, il est livré au public à un moindre prix ; et la somme des épargnes ainsi réalisée par tous les acheteurs, leur sert à se procurer d'autres satisfactions, c'est-à-dire à encourager la main-d'œuvre en général précisément de la quantité soustraite à la main-d'œuvre spéciale de l'industrie récemment perfectionnée. — En sorte que le niveau du travail n'a pas baissé, quoique celui des satisfactions se soit élevé.

Rendons cet ensemble d'effets sensible par un exemple.

Je suppose qu'il se consomme en France dix millions de chapeaux à 15 francs ; cela offre à l'industrie chapelière un aliment de 150 millions. — Une machine est inventée qui permet de donner les chapeaux à 10 francs. — L'aliment pour cette industrie est réduit à cent millions, en admettant que la consommation n'augmente pas. Mais les autres cinquante millions ne sont point pour cela soustraits au *travail humain*. Économisés par les acheteurs de chapeaux, ils leur serviront à satisfaire d'autres besoins, et par conséquent à rémunérer d'autant l'ensemble de l'industrie. Avec ces cinq francs d'épargnes, Jean achètera une paire de souliers, Jacques un livre, Jérôme un meuble, etc. Le travail humain, pris en masse, continuera donc d'être encouragé jusqu'à concurrence de 150 millions ; mais cette somme donnera le même nombre de chapeaux qu'auparavant, plus toutes les satisfactions correspondantes aux cinquante millions que la machine aura épargnés. Ces satisfactions sont le profit net que la France aura retiré de l'invention. C'est un don gratuit, un tribut que le génie de l'homme aura imposé à la nature. — Nous ne disconvenons pas que, dans le cours de la transformation, une certaine masse de travail aura été *déplacée* ; mais nous ne pouvons pas accorder qu'elle aura été détruite ou même diminuée.

De même quant aux importations.—Reprenons l'hypothèse.

La France fabriquait dix millions de chapeaux dont le prix de revient était de 15 francs. L'étranger envahit notre marché en nous fournissant les chapeaux à 10 fr. — Je dis que le *travail national* n'en sera nullement diminué.

Car il devra produire jusqu'à concurrence de cent millions pour payer dix millions de chapeaux à dix francs.

Et puis, il restera à chaque acheteur cinq francs d'économie par chapeau, ou, au total, cinquante millions, qui acquitteront d'autres jouissances, c'est-à-dire d'autres travaux.

Donc la masse du travail restera ce qu'elle était, et les jouissances supplémentaires, représentées par cinquante millions d'économie sur les chapeaux, formeront le profit net de l'importation ou de la liberté du commerce.

Et il ne faut pas qu'on essaye de nous effrayer par le tableau des souffrances qui, dans cette hypothèse, accompagneraient le déplacement du travail.

Car si la prohibition n'eût jamais existé, le travail se serait classé de lui-même selon la loi de l'échange, et nul déplacement n'aurait eu lieu.

Si, au contraire, la prohibition a amené un classement artificiel et improductif du travail, c'est elle et non la liberté qui est responsable du déplacement inévitable dans la transition du mal au bien.

A moins qu'on ne prétende que, parce qu'un abus ne peut être détruit sans froisser ceux qui en profitent, il suffit qu'il existe un moment pour qu'il doive durer toujours.

XXI. Matières premières.

On dit : Le plus avantageux de tous les commerces est celui où l'on donne des objets fabriqués en échange de matières premières. Car ces matières premières sont un aliment pour le *travail national.*

Et de là on conclut :

Que la meilleure loi de douanes serait celle qui donnerait le plus de facilité possible à l'entrée des *matières premières*, et qui opposerait le plus d'obstacles aux objets qui ont reçu leur dernière façon.

Il n'y a pas, en économie politique, de sophisme plus répandu que celui-là. Il défraye non-seulement l'école protectioniste, mais encore et surtout l'école prétendue libérale, et c'est là une circonstance fâcheuse, car ce qu'il y a de pire pour une bonne cause, ce n'est pas d'être bien attaquée, mais d'être mal défendue.

La liberté commerciale aura probablement le sort de toutes les libertés ; elle ne s'introduira dans nos lois qu'après avoir pris possession de nos esprits. Mais s'il est vrai qu'une réforme doive être généralement comprise pour être solidement établie, il s'ensuit que rien ne la peut retarder comme ce qui égare l'opinion ; et quoi de plus propre à l'égarer que les écrits qui réclament la liberté en s'appuyant sur les doctrines du monopole ?

Il y a quelques années, trois grandes villes de France, Lyon, Bordeaux et le Havre firent une levée de boucliers contre le régime restrictif. Le pays, l'Europe entière s'émurent en voyant se dresser ce qu'ils prirent pour le drapeau de la liberté. — Hélas ! c'était encore le drapeau du monopole ! d'un monopole un peu plus mesquin et beaucoup plus absurde que celui qu'on semblait vouloir renverser. — Grâce au *sophisme* que je vais essayer de dévoiler, les pétitionnaires ne firent que reproduire, en y ajoutant une inconséquence de plus, la doctrine de la *protection au travail national*.

Qu'est-ce, en effet, que le régime prohibitif ? Écoutons M. de Saint-Cricq.

« Le travail constitue la richesse d'un peuple,
« parce que seul il crée les choses matérielles que
« réclament nos besoins, et que l'aisance universelle
« consiste dans l'abondance de ces choses. » —
Voilà le principe.

« Mais il faut que cette abondance soit le produit
« du *travail national*. Si elle était le produit du
« travail étranger, le travail national s'arrêterait

« promptement. » — Voilà l'erreur. (*Voir le so-*
phisme précédent.)

«Que doit donc faire un pays agricole et manu-
« facturier ? Réserver son marché aux produits de
« son sol et de son industrie. » Voilà le but.

« Et pour cela, restreindre par des droits et pro-
« hiber au besoin les produits du sol et de l'in-
« dustrie des autres peuples. » — Voilà le moyen.

Rapprochons de ce système celui de la pétition
de Bordeaux.

Elle divisait les marchandises en trois classes.

«La première renferme des objets d'alimentation
« et *des matières premières, vierges de tout tra-*
« *vail humain. En principe, une sage économie*
« *exigerait que cette classe ne fût pas imposée.* »
— Ici point de travail, point de protection.

« La seconde est composée d'objets qui ont reçu
« *une préparation. Cette* préparation permet *qu'on*
« *la charge de quelques droits.* » — Ici la protection commence, parce que, selon les pétitionnaires, commence, le *travail national.*

« La troisième comprend des objets perfection-
« nés, qui ne peuvent nullement servir au travail
« national ; nous la considérons comme la plus im-
« posable. » — Ici, le travail, et la protection avec
lui, arrivent à leur maximum.

On le voit, les pétitionnaires professaient que le
travail étranger nuit au travail national, c'est *l'er-*
reur du régime prohibitif.

Ils demandaient que le marché français fût réservé au *travail* français ; c'est le but du régime prohibitif.

Ils réclamaient que le travail étranger fût soumis à des restrictions et des taxes. — C'est le *moyen* du régime prohibitif.

Quelle différence est-il donc possible de découvrir entre les pétitionnaires bordelais et le coryphée de la restriction ? — Une seule : l'extension plus ou moins grande à donner au mot *travail*.

M. de Saint-Cricq l'étend à tout. — Aussi, veut-il tout *protéger*.

« Le travail constitue *toute* la richesse d'un « peuple, dit-il : protéger l'industrie agricole, « *toute* l'industrie agricole ; l'industrie manufac- « turière, *toute* l'industrie manufacturière, c'est le « cri qui retentira toujours dans cette chambre. »

Les pétitionnaires ne voient de travail que celui des fabricants : aussi n'admettent-ils que celui-là aux faveurs de la protection.

« Les matières premières sont *vierges de tout* « *travail humain*. En principe on ne devrait pas « les imposer. Les objets fabriqués ne peuvent « plus servir au travail national ; nous les considé- « rons comme les plus imposables. »

Il ne s'agit point ici d'examiner si la protection au travail national est raisonnable. M. de Saint-Cricq et les Bordelais s'accordent sur ce point, et nous, comme on l'a vu dans les chapitres précédents, nous différons à cet égard des uns et des autres.

La question est de savoir qui, de M. de Saint-Cricq ou des Bordelais, donne au mot *travail* sa juste acception.

Or, sur ce terrain, il faut le dire, M. de Saint-Cricq a mille fois raison, car voici le dialogue qui pourrait s'établir entre eux.

M. DE SAINT-CRICQ. — Vous convenez que le travail national doit être protégé. Vous convenez qu'aucun travail étranger ne peut s'introduire sur notre marché sans y détruire une quantité égale de notre travail national. Seulement vous prétendez qu'il y a une foule de marchandises pourvues de *valeur*, puisqu'elles se vendent, et qui sont cependant *vierges de tout travail humain*. Et vous nommez, entre autres choses, les blés, farines, viandes, bestiaux, lard, sel, fer, cuivre, plomb, houille, laines, peaux, semences, etc.

Si vous me prouvez que la *valeur* de ces choses n'est pas due au travail, je conviendrai qu'il est inutile de les protéger.

Mais aussi, si je vous démontre qu'il y a autant de travail dans cent francs de laine que dans cent francs de tissus, vous devrez avouer que la protection est due à l'une comme à l'autre.

Or, pourquoi ce sac de laine *vaut*-il cent francs? N'est-ce point parce que c'est son prix de revient? et le prix de revient est-il autre chose que ce qu'il a fallu distribuer en gages, salaires, main-d'œuvre, intérêts à tous les travailleurs et capitalistes qui ont concouru à la production de l'objet?

Les pétitionnaires. — Il est vrai que, pour la laine, vous pourriez avoir raison. Mais un sac de blé, un lingot de fer, un quintal de houille, sont-ils le produit du travail ? N'est-ce point la nature qui les *crée* ?

M. de Saint-Cricq. — Sans doute, la nature crée les éléments de toutes ces choses, mais c'est le travail qui en produit la *valeur*. J'ai eu tort moi-même de dire que le travail *crée* les objets matériels, et cette locution vicieuse m'a conduit à bien d'autres erreurs. — Il n'appartient pas à l'homme de *créer*, de faire quelque chose de rien, pas plus au fabricant qu'au cultivateur, et si par *production* on entendait *création*, tous nos travaux seraient improductifs, et les vôtres, messieurs les négociants, plus que tous les autres, excepté peut-être les miens.

L'agriculteur n'a donc pas la prétention d'avoir *créé* le blé, mais il a celle d'en avoir créé la *valeur*, je veux dire, d'avoir, par son travail, celui de ses domestiques, de ses bouviers, de ses moissonneurs, transformé en blé des substances qui n'y ressemblaient nullement. Que fait de plus le meunier qui le convertit en farine, le boulanger qui le façonne en pain ?

Pour que l'homme puisse se vêtir en drap, une foule d'opérations sont nécessaires. Avant l'intervention de tout travail humain, les véritables *matières premières* de ce produit sont l'air, l'eau, la chaleur, les gaz, la lumière, les sels qui doivent entrer dans sa composition. Voilà les *matières premières* qui véritablement sont *vierges de tout travail humain*, puisqu'elles n'ont pas de *valeur*, et je ne songe pas à les protéger. — Mais un premier *travail* convertit ces susbtances en fourrages, un second en laine, un troisième en fil, un quatrième en tissus, un cinquième en vêtement. Qui osera dire que tout n'est pas *travail* dans cette œuvre, depuis le premier coup de charrue qui le commence jusqu'au dernier coup d'aiguille qui le termine ?

Et parce que, pour plus de célérité et de perfection dans l'accomplissement de l'œuvre définitive, qui est un vêtement, les travaux se sont répartis entre plusieurs classes d'industrieux, vous voulez, par une distinction arbitraire, que l'ordre de succession de ces travaux soit la raison unique de leur importance, en sorte que le premier ne mérite pas même le nom de travail, et que le dernier, travail par excellence, soit seul digne des faveurs de la protecion ?

LES PÉTITIONNAIRES. — Oui, nous commençons à voir que le blé, non plus que la laine, n'est pas tout à fait *vierge du travail humain :* mais au moins l'agriculteur n'a pas, comme le fabricant, tout exécuté par lui-même et ses ouvriers ; la nature l'a aidé ; et, s'il y a du travail, tout n'est pas travail dans le blé.

M. DE SAINT-CRICQ. — Mais tout est travail dans sa *valeur*. Je veux que la nature ait concouru à la formation matérielle du grain. Je veux même qu'il soit exclusivement son ouvrage ; mais convenez que je l'ai contrainte par mon travail ; et quand je vous vends du blé, remarquez bien ceci, ce n'est pas le *travail de la nature* que je vous fais payer, mais *le mien*.

Et, à votre compte, les objets fabriqués ne seraient pas non plus des produits du travail. Le manufacturier ne se fait-il pas seconder aussi par la nature ? Ne s'empare-t-il pas, à l'aide de la machine à vapeur, du poids de l'atmosphère, comme à l'aide de la charrue je m'empare de son humidité ? A-t-il créé les lois de la gravitation, de la transmission des forces, de l'affinité ?

Les pétitionnaires. — Allons, va encore pour la laine, mais la houille est assurément l'ouvrage, et l'ouvrage exclusif de la nature. Elle est bien *vierge de tout travail humain*.

M. de Saint-Cricq. — Oui, la nature a fait la houille, mais *le travail en a fait la valeur*. La houille n'avait aucune *valeur* pendant les millions d'années où elle était enfouie ignorée à cent pieds sous terre. Il a fallu l'y aller chercher ; c'est un *travail* ; il a fallu la transporter sur le marché ; c'est un autre *travail* ; et encore une fois, le prix que vous la payez sur le marché n'est autre chose que la rémunération de ces travaux d'extraction et de transport[1].

---

[1] Je ne mentionne pas explicitement cette partie de rémuné-

On voit que jusqu'ici tout l'avantage est du côté de M. de Saint-Cricq ; que la *valeur* des matières premières, comme celle des matières fabriquées, représente les frais de production, c'est-à-dire du *travail* ; qu'il n'est pas possible de concevoir un objet pourvu de *valeur*, et qui soit *vierge de tout travail humain* ; que la distinction que font les pétitionnaires est futile en théorie ; que, comme base d'une inégale répartition de *faveurs*, elle serait inique en pratique, puisqu'il en résulterait que le tiers des Français occupés aux manufactures obtiendraient les douceurs du monopole, par la raison qu'ils produisent en *travaillant*, tandis que les deux autres tiers, à savoir, la population agricole, seraient abandonnés à la concurrence, sous prétexte qu'ils produisent *sans travailler*.

On insistera, j'en suis sûr, et l'on dira qu'il y a plus d'avantages pour une nation à importer des matières dites *premières*, qu'elles soient ou non

ration afférente à l'entrepreneur, au capitaliste, etc., par plusieurs motifs :

1º Parce que si l'on y regarde de près, on verra que c'est toujours le remboursement d'avances ou le payement de *travaux antérieurs* ; 2º parce que, sous le mot général *travail*, je comprends non-seulement le salaire de l'ouvrier, mais la rétribution légitime de toute coopération à l'œuvre de la production ; 3º enfin et surtout, parce que la production des objets fabriqués est, aussi bien que celle des matières premières, grevée d'intérêts et de rémunérations autres que celle du *travail manuel*, et que l'objection, futile en elle-même, s'appliquerait à la filature la plus ingénieuse, tout autant et plus qu'à l'agriculture la plus grossière.

le produit du travail, et à exporter des objets fabriqués.

C'est là une opinion fort accréditée.

« Plus les matières premières sont abondantes,
« dit la pétition de Bordeaux, plus les manufactu-
« res se multiplient et prennent d'essor. »

« Les matières premières, dit-elle ailleurs, lais-
« sent une étendue sans limite à l'œuvre des habi-
« tants des pays où elles sont importées.

« Les matières premières, dit la pétition du Ha-
« vre, étant les éléments du travail, il faut les sou-
« mettre *à un régime différent* et les admettre *de*
« *suite* au taux *le plus faible.* »

La même pétition veut que la protection des objets fabriqués soit réduite *non de suite,* mais dans un temps indéterminé ; non au taux *le plus faible,* mais à vingt pour cent.

« Entre autres articles dont le bas prix et l'a-
« bondance sont une nécessité, dit la pétition de
« Lyon, les fabricants citent *toutes les matières*
« *premières.* »

Tout cela repose sur une illusion.

Nous avons vu que toute *valeur* représente du travail. Or, il est très-vrai que le travail manufacturier décuple, centuple quelquefois la *valeur* d'un produit brut, c'est-à-dire répand dix fois, cent fois plus de profits dans la nation. Dès lors on raisonne ainsi : La production d'un quintal de fer ne fait gagner que quinze francs aux travailleurs de toutes classes. La conversion de ce quintal de fer en ressorts de montres élève leurs profits à dix mille francs; et oserez-vous dire que la nation n'est pas plus intéressée à s'assurer pour dix mille francs que pour quinze francs de travail?

On oublie que les échanges internationaux, pas plus que les échanges individuels, ne s'opèrent pas au poids ou à la mesure. On n'échange pas un quintal de fer brut contre un quintal de ressorts de montres, ni une livre de laine en suint contre une livre de laine en cachemire; — mais bien une certaine valeur d'une de ces choses *contre une valeur égale* d'une autre. Or, troquer valeur égale contre valeur égale, c'est troquer travail égal contre travail égal. Il n'est donc pas vrai que la nation qui donne pour cent francs de tissus ou de ressorts gagne plus que celle qui livre pour cent francs de laine ou de fer.

Dans un pays où aucune loi ne peut être votée, aucune contribution établie qu'avec le consentement de ceux que cette loi doit régir ou que cet impôt doit frapper, on ne peut voler le public qu'en commençant par le tromper. Notre ignorance est *la matière première* de toute extorsion qui s'exerce sur nous, et l'on peut être assuré d'avance que tout *sophisme* est l'avant-coureur d'une spoliation. — Bon public, quand tu vois un sophisme dans une pétition, mets la main sur ta poche, car c'est certainement là que l'on vise.

Voyons donc quelle est la pensée secrète que messieurs les armateurs de Bordeaux et du Havre

et messieurs les manufacturiers de Lyon envelop-
pent dans cette distinction entre les produits agricoles et les objets manufacturés ?

« C'est principalement dans cette première
classe (celle qui comprend les matières premières,
vierges de tout travail humain) que se trouve,
disent les pétitionnaires de Bordeaux, *le principal
aliment de notre marine marchande...* En principe, une sage économie exigerait que cette classe
ne fût pas imposée..... La seconde (objets qui
ont reçu une préparation), on peut la *charger*. La
troisième (objets auxquels le travail n'a plus rien
à faire), nous la considérons comme *la plus im-
posable*.

« Considérant, disent les pétitionnaires du Havre, qu'il est indispensable de réduire *de suite* au
taux *le plus bas* les matières premières, afin que
l'industrie puisse successivement mettre en œuvre
les *forces navales* qui lui fourniront ses premiers
et indispensables moyens de travail. »

Les manufacturiers ne pouvaient pas demeurer
en reste de politesse envers les armateurs. Aussi, la
pétition de Lyon demande-t-elle la libre introduction des matières premières, « pour prouver, y est-
il dit, que les intérêts des villes manufacturières ne
sont pas toujours opposés à ceux des villes mariti-
mes. »

Non ; mais il faut dire que les uns et les autres,
entendus comme font les pétitionnaires, sont ter-

riblement opposés aux intérêts des campagnes, de l'agriculture et des consommateurs.

Voilà donc, messieurs, où vous vouliez en venir ! Voilà le but de vos subtiles distinctions économiques ! Vous voulez que la loi s'oppose à ce que les produits *achevés* traversent l'Océan, afin que le transport beaucoup plus coûteux des matières brutes, sales, chargées de résidus, offre plus d'aliment à votre marine marchande, et mette plus largement en œuvre vos *forces navales*. C'est là ce que vous appelez *une sage économie*.

Et que ne demandez-vous aussi qu'on fasse venir les sapins de Russie avec leurs branches, leur écorce et leurs racines ; l'or du Mexique à l'état de minerai ; et les cuirs de Buénos-Ayres encore attachés aux ossements de cadavres infects ?

Bientôt, je m'y attends, les actionnaires des chemins de fer, pour peu qu'ils soient en majorité dans les chambres, feront une loi qui défende de fabriquer à Cognac l'eau-de-vie qui se consomme à Paris. Ordonner législativement le transport de dix pièces de vin pour une pièce d'eau-de-vie, ne serait-ce pas à la fois fournir à l'industrie parisienne *l'indispensable aliment de son travail*, et mettre en œuvre les forces des locomotives ?

Jusques à quand fermera-t-on les yeux sur cette vérité si simple ?

L'industrie, les forces navales, le travail ont pour but le bien général, le bien public ; créer des industries inutiles, favoriser des transports superflus, alimenter un travail surnuméraire, non pour le bien du public, mais aux dépens du public, c'est réaliser une véritable pétition de principes. Ce n'est pas le travail qui est en soi-même une chose désirable, c'est la consommation : tout travail sans résultat est une perte. Payer des marins pour porter à travers les mers d'inutiles résidus, c'est comme les payer pour faire ricocher des cailloux sur la surface de l'eau. Ainsi, nous arrivons à ce résultat que tous les *sophismes économiques*, malgré leur infinie variété, ont cela de commun qu'ils confondent le *moyen* avec le *but*, et développent l'un aux dépens de l'autre.

Quelquefois le sophisme se dilate et pénètre tout le tissu d'une longue et lourde théorie. Plus souvent il se comprime, il se resserre, il se fait principe, et se cache tout entier dans un mot.

Dieu nous garde, disait Paul-Louis, du malin et de la métaphore ! Et, en effet, il serait difficile de dire lequel des deux verse plus de maux sur notre planète. — C'est le démon, dites-vous ; il nous met à tous tant que nous sommes l'esprit de spoliation dans le cœur. Oui, mais il laisse entière la répression des abus par la résistance de ceux qui en souffrent. C'est le *sophisme* qui paralyse cette résistance. L'épée que la *malice* met aux mains des assaillants serait impuissante si le *sophisme* ne brisait pas le bouclier aux bras des assaillis ; et c'est avec raison que Malebranche a inscrit sur le frontispice de son livre cette sentence : *L'erreur est la cause de la misère des hommes.*

Et voyez ce qui se passe. Des ambitieux hypocrites auront un intérêt sinistre, comme, par exemple, à semer dans le public le germe des haines nationales. Ce germe funeste pourra se développer, amener une conflagration générale, arrêter la civilisation, répandre des torrents de sang, attirer sur le pays le plus terrible des fléaux, l'*invasion*. En tous cas, et d'avance, ces sentiments haineux nous abaissent dans l'opinion des peuples et réduisent les Français qui ont conservé quelque amour de la justice à rougir de leur patrie. Certes, ce sont là de grands maux ; et pour que le public se garantît contre les menées de ceux qui veulent lui faire courir de telles chances, il suffirait qu'il en eût la claire vue. Comment parvient-on à la lui dérober ? Par la *métaphore*. On altère, on force, on déprave le sens de trois ou quatre mots, et tout est dit.

Tel est le mot *invasion* lui-même.

Un maître de forges français dit : Préservons-nous de l'*invasion* des fers anglais. Un landlord anglais s'écrie : Repoussons l'*invasion* des blés français. — Et ils proposent d'élever des barrières entre les deux peuples. — Les barrières constituent l'isolement, l'isolement conduit à la haine, la haine à la guerre, la guerre à l'*invasion*. — Qu'importe, disent les deux *sophistes* ; ne vaut-il pas mieux s'exposer à une *invasion* éventuelle que d'accepter une *invasion* certaine ? — Et les peuples de croire, et les barrières de persister.

Et pourtant quelle analogie y a-t-il entre un

échange et une *invasion ?* Quelle similitude est-il possible d'établir entre un vaisseau de guerre qui vient vomir sur nos villes le fer, le feu et la dévastation, — et un navire marchand qui vient nous offrir de troquer librement, volontairement, des produits contre des produits?

J'en dirai autant du mot *inondation*. Ce mot se prend ordinairement en mauvaise part, parce qu'il est assez dans les habitudes des inondations de ravager les champs et les moissons. — Si, pourtant, elles laissaient sur le sol une valeur supérieure à celle qu'elles lui enlèvent, comme font les inondations du Nil, il faudrait, à l'exemple des Égyptiens, les bénir, les déifier. — Eh bien ! avant de déclamer contre les *inondations* des produits étrangers, avant de leur opposer de gênants et coûteux obstacles, se demande-t-on si ce sont là des inondations qui ravagent ou de celles qui fertilisent ? — Que penserions-nous de Méhémet-Ali si, au lieu d'élever à gros frais des barrages à travers le Nil, pour étendre le domaine de ses *inondations*, il dépensait ses piastres à lui creuser un lit plus profond, afin que l'Égypte ne fût pas souillée par ce limon *étranger*, descendu des montagnes de la Lune ? Nous exhibons précisément ce degré de sagesse et de raison, quand nous voulons, à grand renfort de millions, préserver notre pays..... De quoi ? — Des bienfaits dont la nature a doté d'autres climats.

Parmi les *métaphores* qui recèlent tout une funeste théorie, il n'en est pas de plus usitée que celle que présentent les mots *tribut, tributaire*.

Ces mots sont devenus si usuels, qu'on en fait les synonymes d'*achat, acheteur*, et l'on se sert indifféremment des uns ou des autres.

Cependant il y a aussi loin d'un *tribut* à un *achat* que d'un *vol* à un *échange*, et j'aimerais autant entendre dire : Cartouche a enfoncé mon coffre-fort et il y a *acheté* mille écus, que d'ouïr répéter à nos honorables députés : Nous avons payé à l'Allemagne le *tribut* de mille chevaux qu'elle nous a vendus.

Car ce qui fait que l'action de Cartouche n'est pas un *achat*, c'est qu'il n'a pas mis, et de mon consentement, dans mon coffre-fort, une valeur équivalente à celle qu'il a prise.

Et ce qui fait que l'octroi de 500,000 fr. que nous avons fait à l'Allemagne n'est pas un *tribut*, c'est justement qu'elle ne les a pas reçus à titre gratuit, mais bien en nous livrant en échange mille chevaux que nous-mêmes avons jugés valoir nos 500,000 fr.

Faut-il donc relever sérieusement de tels abus de langage? Pourquoi pas, puisque c'est très-sérieusement qu'on les étale dans les journaux et dans les livres.

Et qu'on n'imagine pas qu'ils échappent à quelques écrivains ignorant jusqu'à leur langue ! Pour un qui s'en abstient, je vous en citerai dix qui se les permettent, et parmi les plus huppés encore, les d'Argout, les Dupin, les Villèle, les pairs, les députés, les ministres, c'est-à-dire parmi les hommes dont les paroles sont des lois, et dont les sophismes les plus choquants servent de base à l'administration du pays.

Un célèbre philosophe moderne a ajouté aux catégories d'Aristote le sophisme qui consiste à renfermer dans un mot une pétition de principes. Il en cite plusieurs exemples. Il aurait pu joindre le mot *tributaire* à sa nomenclature. — En effet, il s'agit de savoir si les achats faits au dehors sont utiles ou nuisibles. — Ils sont nuisibles, dites-vous. — Et pourquoi ? — Parce qu'ils nous rendent *tributaires* de l'étranger. — Certes, voilà bien un mot qui pose en fait ce qui est en question.

Comment ce trope abusif s'est-il introduit dans la rhétorique des monopoleurs ?

Des écus *sortent du pays* pour satisfaire la rapacité d'un ennemi victorieux. — D'autres écus *sortent aussi du pays* pour solder des marchandises. — On établit l'analogie des deux cas en ne tenant compte que de la circonstance par laquelle ils se ressemblent et faisant abstraction de celle par laquelle ils diffèrent.

Cependant cette circonstance, c'est-à-dire le non-remboursement dans le premier cas, et le remboursement librement convenu dans le second, établit entre eux une différence telle qu'il n'est réellement pas possible de les classer sous la même étiquette. Livrer cent francs *par force* à qui vous serre la gorge, ou *volontairement* à qui vous

donne l'objet de vos désirs, vraiment ce sont choses qu'on ne peut assimiler. — Autant vaudrait
dire qu'il est indifférent de jeter le pain à la rivière et de le manger, parce que c'est toujours du
pain *détruit*. Le vice de ce raisonnement, comme
celui que renferme le mot *tribut*, consisterait à
fonder une entière similitude entre deux cas par
leur ressemblance et en faisant abstraction de
leur différence.

Tous les sophismes que j'ai combattus jusqu'ici
se rapportent à une seule question : le système
restrictif; encore, par pitié pour le lecteur, « j'en
passe, et des meilleurs : *droits acquis, inoppor-
tunité, épuisement du numéraire,* etc., etc.

Mais l'économie sociale n'est pas renfermée
dans ce cercle étroit. Le fouriérisme, le saint-simonisme, le communisme, le mysticisme, le senti-
mentalisme, la fausse philanthropie, les aspirations
affectées vers une égalité et une fraternité chimé-
riques, les questions relatives au luxe, aux salaires,
aux machines, à la prétendue tyrannie du capital,
aux colonies, aux débouchés, aux conquêtes, à la
population, à l'émigration, à l'association, aux
impôts, aux emprunts, ont encombré le champ de
la science d'une foule d'arguments parasites, de
sophismes qui sollicitent la houe et la binette de
l'économiste diligent.

Ce n'est pas que je ne reconnaisse le vice de ce
plan ou plutôt de cette absence de plan. Attaquer

uu à un tant de sophismes incohérents qui quelquefois se choquent et plus souvent rentrent les uns dans les autres, c'est se condamner à une lutte désordonnée, capricieuse, et s'exposer à de perpétuelles redites.

Combien je préférerais dire simplement comment les choses *sont*, sans m'occuper de mille aspects sous lesquels l'ignorance les *voit* !... Exposer les lois selon lesquelles les sociétés prospèrent ou dépérissent, c'est ruiner *virtuellement* tous les sophismes à la fois. Quand Laplace eut décrit ce qu'on peut savoir jusqu'ici du mouvement des corps célestes, il dissipa, sans même les nommer, toutes les rêveries astrologiques des Égyptiens, des Grecs et des Hindous, bien plus sûrement qu'il n'eût pu le faire en les réfutant directement dans d'innombrables volumes. — La vérité est une; le livre qui l'expose est un édifice imposant et durable ;

> Il brave les tyrans avides,
> Plus hardi que les Pyramides
> Et plus durable que l'airain.

L'erreur est multiple et de nature éphémère ; l'ouvrage qui la combat ne porte pas en lui-même un principe de grandeur et de durée.

Mais si la force et peut-être l'occasion m'ont manqué pour procéder à la manière des Laplace et des Say, je ne puis me refuser à croire que la

forme que j'ai adoptée a aussi sa modeste utilité.
Elle me semble surtout bien proportionnée aux
besoins du siècle, aux rapides instants qu'il peut
consacrer à l'étude.

Un traité a sans doute une supériorité incontestable, mais à une condition, c'est d'être lu, mé-
dité, approfondi. Il ne s'adresse qu'à un public
d'élite. Sa mission est de fixer d'abord et d'agran-
dir ensuite le cercle des connaissances acquises.

La réfutation des préjugés vulgaires ne saurait
avoir cette haute portée. Elle n'aspire qu'à désem-
combrer la route devant la marche de la vérité, à
préparer les esprits, à redresser le sens public, à
briser dans des mains impures des armes dange-
reuses.

C'est surtout en économie sociale que cette lutte
corps à corps, que ces combats sans cesse renais-
sants avec les erreurs populaires ont une véritable
utilité pratique.

On pourrait ranger les sciences en deux catégories.

Les unes, à la rigueur, peuvent n'être sues que
des savants. Ce sont celles dont l'application occupe des professions spéciales. Le vulgaire en recueille le fruit malgré l'ignorance ; quoiqu'il ne
sache pas la mécanique et l'astronomie, il n'en
jouit pas moins de l'utilité d'une montre, il n'est
pas moins entraîné par la locomotive ou le bateau
à vapeur sur la foi de l'ingénieur et du pilote.
Nous marchons selon les lois de l'équilibre sans les

connaître, comme M. Jourdain faisait de la prose sans le savoir.

Mais il est des sciences qui n'exercent sur le public qu'une influence proportionnée aux lumières du public lui-même, qui tirent toute leur efficacité non des connaissances accumulées dans quelques têtes exceptionnelles, mais de celles qui sont diffusées dans la raison générale. Telles sont la morale, l'hygiène, l'économie sociale, et, dans les pays où les hommes s'appartiennent à eux-mêmes, la politique. C'est de ces sciences que Bentham aurait pu dire surtout : « Ce qui les répand vaut mieux que ce qui les avance. » Qu'importe qu'un grand homme, un Dieu même, ait promulgué les lois de la morale, aussi longtemps que les hommes, imbus de fausses notions, prennent les vertus pour des vices et les vices pour des vertus ? Qu'importe que Smith, Say, et, selon M. de Saint-Chamans, les économistes *de toutes les écoles* aient proclamé, en fait de transactions commerciales, la supériorité de la *liberté* sur la *contrainte*, si ceux-là sont convaincus du contraire qui font les lois et pour qui les lois sont faites ?

Ces sciences, que l'on a fort bien nommées *sociales*, ont encore ceci de particulier que, par cela même qu'elles sont d'une application usuelle, nul ne convient qu'il les ignore. — A-t-on besoin de résoudre une question de chimie ou de géométrie ? On ne prétend pas avoir la science infuse ; on n'a pas honte de consulter M. Thénard ; on ne se fait pas difficulté d'ouvrir Legendre ou Bezout.—Mais, dans les sciences sociales, on ne reconnaît guère d'autorités. Comme chacun fait journellement de la morale bonne ou mauvaise, de l'hygiène, de l'économie, de la politique raisonnable ou absurde, chacun se croit apte à gloser, disserter, décider et trancher en ces matières. — Souffrez-vous ? Il n'est pas de bonne vieille qui ne vous dise du premier coup la cause et le remède de vos maux : « Ce sont les humeurs, affirme-t-elle, il faut vous purger. » — Mais qu'est-ce que les humeurs ? et y a-t-il des humeurs ? C'est ce dont elle ne se met en peine. — Je songe involontairement à cette bonne vieille quand j'entends expliquer tous les malaises sociaux par ces phrases banales : C'est la surabondance des produits, c'est la tyrannie du capital, c'est la pléthore industrielle, et autres sornettes dont on ne peut pas même dire : *Verba et voces, prœtereaque nihil*, car ce sont autant de funestes erreurs.

De ce qui précède il résulte deux choses : 1° Que les sciences sociales doivent abonder en *sophismes* beaucoup plus que les autres, parce que ce sont celles où chacun ne consulte que son jugement ou ses instincts ; 2° que c'est dans ces sciences que le *sophisme* est spécialement malfaisant, parce qu'il égare l'opinion en une matière où l'opinion c'est la force, c'est la loi.

Il faut donc deux sortes de livres à ces sciences : ceux qui les exposent et ceux qui les propagent, ceux qui montrent la vérité et ceux qui combattent l'erreur.

Il me semble que le défaut inhérent à la forme de cet opuscule, la *répétition*, est ce qui en fait la principale utilité.

Dans la question que j'ai traitée, chaque sophisme a sans doute sa formule propre et sa portée, mais tous ont une racine commune, qui est *l'oubli des intérêts des hommes en tant que consommateurs*. Montrer que les mille chemins de l'erreur conduisent à ce sophisme *générateur*, c'est apprendre au public à le reconnaître, à l'apprécier, à s'en défier en toutes circonstances.

Après tout, je n'aspire pas précisément à faire naître des convictions, mais des doutes.

Je n'ai pas la prétention qu'en posant le livre le lecteur s'écrie : *Je sais*; plaise au ciel qu'il se dise sincèrement : *J'ignore !*

« J'ignore, car je commence à craindre qu'il n'y ait quelque chose d'illusoire dans les douceurs de la disette. » (Sophisme I.)

« Je ne suis plus si édifié sur les charmes de *l'obstacle.* » (Sophisme II.)

« *L'effort sans résultat* ne me semble plus aussi désirable que le *résultat sans effort.* » (Sophisme III.)

« Il se pourrait bien que le secret du commerce ne consiste pas, comme celui des armes (selon la définition qu'en donne le spadassin du *Bourgeois*

Gentilhomme), *à donner et à ne pas recevoir.* » (Sophisme VI.)

« Je conçois qu'un objet *vaut* d'autant plus qu'il a reçu plus de façons ; mais, dans l'échange, deux valeurs *égales* cessent-elles d'être égales parce que l'une vient de la charrue et l'autre de la Jacquart ? » (Sophisme XXI.)

« J'avoue que je commence à trouver singulier que l'humanité s'améliore par des entraves, s'enrichisse par des taxes : et franchement je serais soulagé d'un poids importun, j'éprouverais une joie pure, s'il venait à m'être démontré, comme l'assure l'auteur des Sophismes, qu'il n'y a pas incompatibilité entre le bien-être et la justice, entre la paix et la liberté, entre l'extension du travail et les progrès de l'intelligence. » (Sophismes XIV et XX.)

« Donc, sans me tenir pour satisfait par ses arguments auxquels je ne sais si je dois donner le nom de raisonnements ou de paradoxes, j'interrogerai les maîtres de la science. »

Terminons par un dernier et important aperçu cette monographie du *Sophisme*.

Le monde ne sait pas assez l'influence que le *Sophisme* exerce sur lui.

S'il en faut dire ce que je pense, quand le *droit du plus fort* a été détrôné, le *Sophisme* a remis l'empire au *droit du plus fin*, et il serait difficile de dire lequel de ces deux tyrans a été le plus funeste à l'humanité.

Les hommes ont un amour immodéré pour les jouissances, l'influence, la considération, le pouvoir, en un mot, pour les richesses.

Et en même temps ils sont poussés par une inclination immense à se procurer ces choses aux dépens d'autrui.

Mais cet *autrui*, qui est le public, a une inclination non moins grande à garder ce qu'il a acquis, pourvu qu'il le *puisse* et qu'il le *sache*.

La spoliation, qui joue un si grand rôle dans les affaires du monde, n'a donc que deux agents : la *force* et la *ruse*, et deux limites : le *courage* et les *lumières*.

La force appliquée à la spoliation fait le fonds des annales humaines. En retracer l'histoire, ce serait reproduire presque en entier l'histoires de tous les peuples : Assyriens, Babyloniens, Mèdes, Perses, Égyptiens, Grecs, Romains, Goths, Francs, Huns, Turcs, Arabes, Mongols, Tartares, sans compter celle des Espagnols en Amérique, des Anglais dans l'Inde, des Français en Afrique, des Russes en Asie, etc., etc.

Mais, du moins, chez les nations civilisées, les hommes qui produisent les richesses sont devenus assez nombreux et assez *forts* pour les défendre. — Est-ce à dire qu'ils ne sont plus dépouillés ? Point du tout ; ils le sont autant que jamais, et, qui plus est, ils se dépouillent les uns les autres.

Seulement, l'agent est changé : ce n'est plus

par *force*, c'est par *ruse* qu'on s'empare des richesses publiques.

Pour voler le public, il faut le tromper. Le tromper, c'est lui persuader qu'on le vole pour son
avantage ; c'est lui faire accepter en échange de
ses biens des services fictifs, et souvent pis. — De
là le *Sophisme*. — Sophisme théocratique, Sophisme économique, Sophisme politique, Sophisme financier. — Donc, depuis que la force
est tenue en échec, le *Sophisme* n'est pas seulement un mal, c'est le génie du mal. Il le faut tenir
en échec à son tour. — Et, pour cela, rendre le
public plus *fin* que les fins, comme il est devenu
plus *fort* que les forts.

Bon public, c'est sous le patronage de cette pensée que je t'adresse ce premier essai, — bien que
la Préface soit étrangement transposée et la Dé-
dicace quelque peu tardive.

Mugron, 2 novembre 1845.

FIN.

TABLE.

FIN DE LA TABLE.

CORBEIL. — Impr. et lith. de CRÉTÉ.

EXTRAIT DU CATALOGUE

DE

LA LIBRAIRIE GUILLAUMIN ET Cie,

14, rue Richelieu.

JOURNAL DES ÉCONOMISTES,

REVUE MENSUELLE D'ÉCONOMIE POLITIQUE, DES QUESTIONS AGRICOLES, MANUFACTURIÈRES ET COMMERCIALES.

10e *année. Prix de l'abonnement, 30 francs par an pour toute la France; 16 fr. pour 6 mois; 40 fr. pour l'étranger.*

Chaque année forme 3 beaux volumes grand in-8.
Prix des 10 années, 300 fr.

COLLECTION DES PRINCIPAUX ÉCONOMISTES,

Avec Commentaires, Notes et Notices;

Par MM. Blanqui et Rossi (de l'Institut), Eugène Daire, H. Dussard, J. Garnier, M. Monjean, H. Say.

T. I. **Économistes-financiers du dix-huitième siècle :** VAUBAN, BOISGUILLEBERT, LAW, MELON et DUTOT. 1 très-fort vol. grand in-8 de 932 pages; 2e édit., avec un beau portrait de Vauban.................................. 13 fr. 50

T. II. **Physiocrates :** QUESNAY, DUPONT DE NEMOURS, MERCIER DE LA RIVIÈRE, BAUDEAU, LE TROSNE. 1 vol. gr. in-8 de plus de 1100 pages, divisé en deux parties.............. 16 fr.

T. III et IV. **Œuvres de Turgot,** avec notes par DUSSARD et DAIRE. 2 très-forts vol. grand in-8 , ornés d'un beau portrait... 20 fr.

T. V et VI. **Recherches sur la nature et les causes de la richesse des nations,** par Adam SMITH. 2 forts vol. grand in-8 ornés d'un portrait......................... 20 fr.

T. VII. **Essai sur le principe de la population,** par MALTHUS ,

avec *Introduction* par Rossi et *Notes* par Joseph Garnier ;
2e édit. 1 vol. grand in-8 orné d'un très-beau portrait.   10 fr.

T. VIII. **Principes d'économie politique**, suivis des *Défini-*
tions en économie politique, par Malthus, nouvelle traduction française par Alc. Fonteyraud, et une *Introduction*
par M. Maurice Monjean. 1 vol. grand in-8.........   10 fr.

T. IX. **Traité d'économie politique**, par J. B. Say ; 6e édition.
1 vol. grand in-8.............................   10 fr.

T. X et XI. **Cours complet d'économie politique pratique**,
par J. B. Say; 2e édit. 2 vol. grand in-8...........   20 fr.

T. XII. **Œuvres diverses** de J. B. Say : *Mélanges , Correspon-*
dance, Catéchisme, Petit volume, Olbie, Opuscules inédits,
etc., etc. 1 vol. grand in-8 avec un beau portrait....   10 fr.

T. XIII. **Œuvres complètes** de Ricardo, nouvelle trad. franç.
par M. A. Fonteyraud. 1 beau vol. grand in-8......   12 fr.

T. XIV et XV. **Mélanges** , formés des principaux écrits économiques de *Hume, Forbonnais, Condillac, Condorcet, Lavoi-*
sier, Franklin , Necker , Galiani , Monthyon , Bentham ,
avec des notes et des notices par M. G. de Molinari. 2 forts
vol. grand in-8.................................   20 fr.

Annuaire de l'Économie politique et de la Statistique ,
7e année. 1 vol. in-18......................... 4 fr.

DICTIONNAIRE DE L'ÉCONOMIE POLITIQUE ,

Contenant , par ordre alphabétique, l'exposition des principes de
la science, l'opinion des écrivains qui ont le plus contribué à sa
fondation et à ses progrès, la biographie générale de l'économie politique, par noms d'auteurs et par ordre de matières, avec des notices biographiques et une appréciation
raisonnée des principaux ouvrages; par une réunion d'économistes, sous la direction de MM. Ch. Coquelin et Guillaumin.

Conditions de la souscription.

Le *Dictionnaire de l'Économie politique* formera 2 volumes très-
grand in-8 à deux colonnes. Le papier , fabriqué exprès , est
collé. Le caractère, entièrement neuf est fondu aussi exprès.

Chaque volume, d'environ 800 pages chacun, sera publié en
16 livraisons.

Le prix de chaque livraison est fixé à **1 fr. 25 c.**; par la poste,
1 fr. 50 c.

Il paraîtra une ou deux livraisons tous les mois, à partir du
1er août 1851.

Collaborateurs :

MM. Frédéric Bastiat; — **H. Baudrillart**; —**Ad. Blaise**; — **A.
Blanqui**, membre de l'Institut; — **Maurice Block**; —**Cher-
buliez**, ancien professeur de Droit constitutionnel et d'Économie politique à Genève; — **Michel Chevalier**, membre de
l'Institut, professeur au collège de France; — **Ambroise Clé-
ment**; — **Ch. Coquelin**; — **Dunoyer**, membre de l'Institut,
conseiller d'État; — **Dupuit**, ingénieur en chef de la ville de
Paris; — **Gust. Du Puynode**; — **H. Dussard**, ancien conseiller d'État; — **Léon Faucher**, membre de l'Institut, représentant, ministre d'État; — **Joseph Garnier**, professeur à l'École
nationale des ponts et chaussées, rédacteur en chef du *Journal des Économistes*; — **Louis Leclerc**, membre du jury de
l'exposition de l'industrie; — **Alfred Legoyt**; —**Gustave de
Molinari**; — **Maurice Monjean**, préfet des études au collége
Chaptal; — **Moreau de Jonnès**, membre de l'Institut; —
P. Paillottet; — **H. Passy**, membre de l'Institut, ancien
ministre, représentant; — **L. Reybaud**, membre de l'Institut,
représentant; — **Nat. Rondot**, membre du jury central; —
Horace Say, conseiller d'État; — **Walras**, inspecteur de l'u-
niversité; — **De Watteville**, inspecteur des établissements de
bienfaisance; — **Wolowski**, professeur de Législation industrielle au Conservatoire des arts et métiers, représentant.

———————◇———————

AUTRES PUBLICATIONS.

Examen du système commercial connu sous le nom de
Système protecteur, par M. Michel **Chevalier**, membre de
l'Institut. 1 vol. in 8.

Harmonies économiques, par Fréd. **Bastiat**; 2e édit., augmentée des manuscrits laissés par l'auteur. 1 très-fort volume
grand in-18.. 3 fr. 50

Principes d'économie politique, suivis de quelques *Recherches relatives à leur application* et précédés d'un *Tableau de l'origine et des progrès de la science*, par MAC CULLOCH, membre de l'Institut de France. Traduit de l'anglais sur la 4ᵉ édition, par M. Augustin PLANCHE. 2 vol. in-8, avec une table analytique des matières. .... **15 fr.**
Cet ouvrage forme la première livraison de la collection des *Économistes contemporains*.

Statistique des peuples de l'antiquité. *Les Égyptiens, les Hébreux, les Grecs, les Romains et les Gaulois.* Économie sociale, civile et domestique de ces peuples; Territoire; Population; Origine; Races; Castes et Classes; Agriculture; Industrie; Commerce; Richesse publique; Forces militaires, par M. A. MOREAU DE JONNÈS, membre de l'Institut. 2 volumes in-8.. **12 fr.**

Les Douanes et la Contrebande, par M. VILLERMÉ fils. 1 vol. in-8............................. .... **5 fr.**

Du Problème de la misère *et de sa solution chez les peuples anciens et modernes*, par M MOREAU-CHRISTOPHE, auteur du *Droit à l'oisiveté*. 3 vol. in-8.................. **22 fr. 50**
Le premier volume est consacré au Paganisme; le second au Mosaïsme, au Christianisme et au Moyen âge; le troisième aux divers États de l'Europe, et spécialement à la France.

Recherches *sur l'influence que le prix des grains, la richesse du sol et les impôts exercent sur les systèmes de culture*, par M. H. DE THUNEN; traduit de l'allemand par M. JULES LAVERGNIÈRE. 1 vol. in-8.............................. **7 fr. 50**
Cette traduction a été couronnée par la Société nationale et centrale d'Agriculture.

Théorie et pratique, ou *Union pratique de l'Économie politique avec la Morale*, par M. Maurice AUBRY (des Vosges), membre de l'Assemblée législative. Grand in-8 de 108 pages. **1 fr. 25**

Études sur les deux Systèmes *opposés du Libre échange et de la Protection*, par M. Ant. M. ROEDERER, ancien pair de France; 2ᵉ édit., revue et augmentée de cinq chapitres. 1 vol. in-8 .... **3 fr. 50**

Corbeil, imprimerie de Crété.

www.ingramcontent.com/pod-product-compliance
Ingram Content Group UK Ltd.
Pitfield, Milton Keynes, MK11 3LW, UK
UKHW022341090726
13658UKWH00001B/386